粋な男たち

玉袋筋太郎

JN166700

角川新書

はじめに

いきなりだけど、今の時代ってのは「粋《いき》」っていうものが、極端に少ない時代だと思わないかな？　「粋な男か、野暮な男か？」で考えたら、完全に野暮な男だらけな時代だとオレは思っている。

むしろ、「粋な男」は完全なる絶滅危惧《きぐ》種で、肩身の狭い思いをしているようにすら感じるよね。オレ自身、もちろん自分のことを「粋な男だ」なんてこれっぽっちも思っちゃいないよ。それでも、「気持ちだけでは粋でありたい」「いつかは粋な男になりたい」という願望はずっと抱いてきたつもり。

以前なら世の中全体に粋な男に対する寛容性があったのに、今では粋とは時代遅れで無用なもののような扱いを受けている気がしてならない。息苦しさがある世の中の原因のひとつには、そんなことも含まれているのかもしれないな。

ＳＮＳの世界でも、テレビや新聞の世界でも、なんでもかんでもすべてを明らかにして、どんなことでも「白か、黒か」をハッキリさせたがる。「どっちでもいいじゃない、そんなこと」なんて言おうものなら、たちまち大炎上だもん……。言ってみれば、グレーゾーンが許されないんだな。そんな極端な状況に陥っているのが、現在の日本という国かもしれない。

かつては、「みなまで言うな」とか、「おまえの気持ちもわかるよ」と、相手の気持ちを察してあげる文化は間違いなくあったと思う。でも、今の日本ではそんな心の余裕もなくて、すべてを明確に「正しいか、正しくないか」と、ものごとの善悪を白黒ハッキリさせることばかりが重要視されている気がするんだよね。

まともな職業に就けないから俳優になったり、芸人になったりしてきた吹き溜《だ》まりだらけの芸能界ですら、「コンプライアンス」だ「自主規制」だって、小さくまとまってしまっているよ。正直言えば、この状況はオレには息苦しくて仕方ない。

もっとさ、のびのびとおおらかであってもいいんじゃないのかな。

オレ自身、玉袋筋太郎《たまぶくろすじたろう》なんていうコンプライアンスの欠片《かけら》もない芸名を持つ男だけどさ、それでもこの競争の激しい芸能界で30年以上生きてきた。そこだけは胸を張れる。

この間、本当にいろいろなことがあった。でも、敬愛する殿――ビートたけし師匠をはじめとして、多くの人たちに助けられて曲がりなりにもここまでやってこられた。

多くの先輩、そして後輩たち。あるいは、酒場で出会った名もなき酔っ払いたち。オレは彼らとの交流のなかで、さまざまな「粋」に助けられてきたのだと思う。なかにはケンカをしたこともあったし、「二度と会いたくない」と思うようなヤツもいたよ。でも、それらすべての出会い、体験が今のオレのなかに息づいているのも事実なんだ。

粋なき時代だからこそ、オレが生きてきた芸能界、そして酒場での体験が改めて懐かしく、そして意味のあることのように感じられてくるんだよね。

最初に言ったように、オレは自分のことを「粋な男だ」なんて、まったく思っていないよ。でも、粋に憧《あこが》れる思いは昔も今もずっと変わらないし、多くの偉大な人たちが見せてくれた「粋」を感じる「センサー」だけは持ち続けているという自負はある。

今まで見てきたこと、感じてきたこと、体験してきた忘れられない「粋」の数々を振り返りながら、あらためて「粋とはなにか？」「粋な男になる手段はどんなものか？」、そして「粋なき時代を生き抜くにはどうすべきか？」。そんなことをこの本で考えてみたいんだ。

……と言っても、まったく堅苦しくないから肩の力を抜いて気楽に読んでもらって大丈夫！　だって、著者はなんたって「玉袋筋太郎」なんだからさ。

デビューしたときからコンプライアンスに反する男が、ちょっとだけ真面目に考える「粋」についての本。バカバカしい話ばかりで、「クソの役にも立ちゃしねぇ！」となるのが関の山かもしれないけどね。

じゃあ、しばらくの間、オレの話にお付き合いくださいな。

玉袋筋太郎

目次

はじめに　3

第1章　殿から学んだ「粋」の美学　13

一番身近な粋な男――北野武　14
小学生の頃の憧れは「カトちゃん」　17
伝説の番組『ビートたけしのオールナイトニッポン』　20
NHKには出られない芸名　23
「玉袋筋太郎」という芸名をよろこんでくれた親父　25
謹慎期間中にもらった殿からの「励ましの言葉」　28
殿と一緒に酒を呑む「社長会」　32
名曲『浅草キッド』の粋　36

第2章　で、「粋」ってなんなのよ？　43

「まずは遠慮から」の精神　44
基本は恩返しの精神　50
人生はトラックの荷台のようなもの　53
地べたからの目線を忘れない　56
やせ我慢でもがき続ける　60
人生には縦穴と横穴が必要　64
すべてを満たさない生き方　67

第3章　酒場で学んだ「粋」　71

オレの酒の原体験　72
殿から勧めてもらった最初のビール　75
急性アルコール中毒とボヤ騒ぎで命の危機に　79
自分の金で呑む酒とタニマチと呑む酒　82
粋かどうかは財布を出すタイミングでわかる　85
店の手札は何軒か持て！　88

酒も呑まずにセックスなんかできるか！　92
酒場というのは自己確認の場　94

第4章　名もなき粋人たち　99

「オレはお笑いのエリートなんだ」と思えるように　100
ホモスナックの常連、マーさん　105
主役にも脇役にもそれぞれの生き方がある　108
新宿二丁目で号泣したあの夜　111
ホームレスの村田さんとの仁義なき戦い　114
年金暮らしの越谷のお父さん　119
完全アウェイのラドンセンターで受け入れられる　122
オレの憧れ八百屋のオジちゃん　124

第5章　「粋」を教えてくれたオレの教科書　129

プロレスで見分ける友だちになれるヤツとなれないヤツ　130

職人ぞろいのプロレスラーたち　135
競輪場はいまだに昭和を生きる男たちのるつぼ　137
人間臭さ全開のギャンブル、それが競輪　141
超高級ソープランドの超一流のおもてなし　146
アンチ・アンチエイジング　151
スナックとは世界遺産の原生林　155
スナックはリアルパワースポット&心のセーフティネット　158

第6章　家族から学んだ波乱万丈の「粋」　163

父の自殺と使途不明金　164
「マスター」、そして「社長」だった親父　168
金銭トラブルで姉夫婦と絶縁　171
略奪愛の結果、「そして継父となる」　176
育ての父としての責任と覚悟　178
幸せになるための道はひとつじゃない　182

生活のインフラ整備を忘れない　186

おわりに――人生はやじろべえ　191

第1章　殿から学んだ「粋」の美学

一番身近な粋な男――北野武

粋《いき》とはなにか――。

オレなんかが簡単に答えを出せるような問題じゃないってことは、自分でも理解しているよ。でも、誰もが納得するような簡潔で明瞭《めいりよう》な定義を提示することはできなくても、オレ自身がこれまでの人生で体験してきたこと、感じてきたことを振り返ってみたときに、明確に「粋な男」の姿が浮かんでくるんだ。

ビートたけし――。

オレの師匠であり、敬意を込めて「殿」と呼んでいる北野武《きたのたけし》大師匠。あの「世界のキタノ」こそ、粋な男の象徴だと思っている。

オレなんかが今さら説明するまでもないけど、1980年代初頭に漫才コンビ・ツービートとして日本中を笑いの渦に巻き込んで以来、各局のゴールデンタイムに自らの冠番組を持ち続けて、すでに40年が経過しようとしている。

その間には「ＦＲＩＤＡＹ襲撃事件」で芸能生命の危機に陥ったこともあれば、「バイク事故」で本当の生命の危機を迎えたこともあった。

普通の芸人であれば、とっくにいなくなっていてもおかしくないのに、殿は今でも芸能界のど真ん中にドカンと君臨し続けている。

その一方で、映画監督としては「世界のキタノ」と称され、何本も名作を撮り続けてきた。そして、ヴェネツィアやカンヌをはじめとする世界の映画祭でも注目を浴び、常に新作が期待されている世界的巨匠でもある。芸人として第一線で活躍を続けながら、世界的な巨匠の顔も持っているなんて、並の人間じゃないよ。


だけど、殿のカッコよさはこうした偉業だけじゃなくて、今でもバラエティ番組の最前線でバカをやり続けていることにあると見ているんだ。

偉くなって、「世界のキタノ」として世界的な評価を受けようとも、いまだに「足立区《あだち》のたけし」として、昔と変わらずに着ぐるみを被《かぶ》ったり、裸になったり、叩《たた》かれたり、小突かれたり、スッ転んでみたり……お笑いを徹底的に続けているってことこそが、殿の偉大さだよね。

中学時代に初めて『ビートたけしのオールナイトニッポン』を聞いて以来、オレはずっと「たけし原理主義者」として生き続けてきた。高校卒業と同時に弟子入りを直訴して以来、すでに30年以上が経過したよ。

玉袋筋太郎という芸名をつけてくれたのも殿だった。

これまでの人生を振り返れば、「玉袋筋太郎」という名前で過ごした年月の方が、本名の「赤江《あかえ》祐一《ゆういち》」よりもずっと長くなっているんだから、自分でもビックリ。

殿と過ごした日々のなかで、オレはさまざまな粋を目の当たりにしてきた。そして、無意識のうちに多大な影響を受けてきたんだと思う。そうした経験が、今のオレの血となり肉となっていることだけは間違いない。

この章では、いろいろな粋を教えてくれたオレ自身のお笑い原体験からはじまって、殿との出会い、そして殿から学んだ粋について、思い出すままに綴《つづ》っていきたい。

そこには、「粋とはなにか?」を考えるヒントが必ずあるはずなんだ。まずは、オレの子どもの頃の話から聞いてもらうことにしようかな。

小学生の頃の憧れは「カトちゃん」

オレにとってのお笑い原体験は、世間の子どもたちと同様、やっぱり『8時だョ！全員集合』だったね。そう、ザ・ドリフターズだよ。

オレが物心ついたときには、まだ志村《しむら》けんさんがメンバーに加わる前で、荒井注《あらいちゅう》さんがバリバリやっていた。そんなドリフのなかでは、加藤茶《かとうちゃ》さんが大好きだった。

もちろん、もっと小さい頃に『大正テレビ寄席』を見て、コント・ラッキー7のポール牧《まき》さんや関武志《せきたけし》さん、そして牧伸二《まきしんじ》さんを「面白《おもし》れぇな」って見ていた記憶はあるけど、本格的に夢中になったのはドリフであり、カトちゃんだった。

うちの両親は自営業でスナックをやっていたから、夜の早い時間は親がいない。ってことは、いつでもテレビは見放題でオレは生粋のテレビっ子として育ったことになる。

威張るわけじゃないけどさ、親がそばにいたら絶対に見られないような番組だって堂々と見られる環境だったんだ。

だから、『8時だョ！全員集合』はもちろんだったけど、子ども向けのアニメや特撮だけじゃなくて、大人の見る番組もたくさん見ていた記憶がある。『テレビ三面記事　ウィークエンダー』も好きだったな。泉《いずみ》ピン子さんや、当時は桂朝丸《かつらちょうまる》と名乗っていた現在のざこばさんが、下世話な事件ばかりを取り上げていたのが最高だったよね。

ちょっと色気づいてからは、テレビ東京（旧東京12チャンネル）の『金曜スペシャル』に夢中になった。「本場スウェーデンに独占潜入！」なんてすげぇエロかったよね！「本場ってなんだよ？」って、子どもながらにドキドキしながらブラウン管に釘《くぎ》づけだったもの。

もちろん、『11PM』も、『独占！男の時間』も見ていたよ。昨今のようにインターネットでいろいろな情報が入ってくる時代じゃなかったから、どんなものよりもテレビが最大の情報源だった。オレたち昭和の子どもたちは、テレビを通じてたくさんのことを学んでいった。特にエロ関係は、テレビから多くのことを学んだんじゃないかな。

そうそう、あの時代はホームドラマの『時間ですよ』でも銭湯の場面では普通にオッパイも映っていたから、いい時代だったんだ。

この頃になると、ドリフに夢中だったオレは次第に欽《きん》ちゃんに興味が移っていった。萩《はぎ》本欽一《もときんいち》さんと言えば、オレらの世代にとってはやっぱり『欽ドン』（『欽ちゃんのドンとやってみよう!』）かな。

この番組は、もろに『8時だョ!全員集合』と放送時間が被っていたんだよね。視聴者からの投稿を「バカウケ」「ややウケ」「ドッチラケ」とランク付けする手法に惹《ひ》かれたのかな。そんなこんなで、次第にドリフから欽ちゃんに関心の対象が変わっていった。

そして、それからしばらくして突如、漫才ブームがやってくる。

代表的なのは、フジテレビの『THE　MANZAI』。この番組で初めてツービートの存在を知ったよ。B&B、ザ・ぼんち、紳助《しんすけ》・竜介《りゅうすけ》、星《ほし》セント・ルイスとか、多くの漫才師が登場したけど、ツービート、特にビートたけしの衝撃は凄《すさ》まじかった。

なにが凄《すご》いかってさ、「ジジィ」とか、「ババァ」とか、「ブス」とか、「いなかっぺ」とか、彼らの漫才のなかには、それまでテレビで聞いたことのないフレーズがジャンジャン飛び交っていたんだね。子どもながら、「こんなこと言っていいの?」って、ドキドキしたもの。言葉の強度がまったくちがっていたよね、他の漫才師たちとは。

そうなってくると、「カトちゃんになりたい」って思いは一気に消えていっちゃった。あれだけ好きだったドリフがどこか幼稚に見えてきたし、家族みんなが楽しめる欽ちゃんの笑いじゃ物足りなくなってしまったんだ。

伝説の番組『ビートたけしのオールナイトニッポン』

81年1月1日、伝説の『ビートたけしのオールナイトニッポン』がはじまったんだけど、当時まだ中学生だったオレにはあまりに衝撃的で刺激が強い番組だった。

ドリフが、「ウンコ」とか「オチンチン」で笑いを取っていたのに、この番組では「コーマン」とかってフレーズが飛び交っているんだからさ、驚いたよね！

ちなみに、「コーマン」っていうのは「オ●ンコ」のこと。いわゆる、業界風に呼ぶのもカッコよく感じられた時代だったんだ。

うちの両親はスナックを経営していたから、自宅に帰ってくるのはいつも深夜になる。これは偶然なのかもしれないけど、なぜか殿の『オールナイトニッポン』が放送される木曜日に限って親父の機嫌が悪かった。

店を閉めて、自宅に戻ってくる前にお袋から電話がかかってくるんだけど、「今日は低気圧だよ」っていうときは、親父がご機嫌斜めの日。だから部屋から一歩も出ないでひとりでラジオに耳を傾けているんだけど、たまに夫婦ゲンカがおっぱじまったら最悪だったね。

（なんだよ、週に一度の大切な時間なのに……）

なんて思いながら、必死にラジオに集中するんだけど、それでもケンカは収まらない。あるときには、お袋が突然部屋に入ってきてオレに言ったんだ。

「今から家を出るから、アンタも早く着替えなさい！」

そして、家にある現金をわし摑《づか》みして、そのままタクシーに乗せられて住んでいた新宿《しんじゅく》から横浜《よこはま》まで逃げたこともあったっけ……。でも、そんなときでもヘッドホンでラジオは手放さなかったよね。

それぐらい、殿のラジオからの声を夢中になって聴いていた。『ビートたけしのオールナイトニッポン』は1週間に一度のお楽しみだったし、大袈裟《おおげさ》に言えば生活のすべて、いや、人生のすべてだったのかもしれない。

この当時の『オールナイトニッポン』で、今でもよく覚えているエピソードがある。当時からお姐《ねえ》ちゃんの家を渡り歩いていた殿は、あるとき泥酔状態で自宅に帰った。で、行きがかり上、久しぶりに奥さんとセックスするハメになった。

だけど、殿はもうすでにベロベロに酔っ払っていたから、奥さんのパンツを下ろした途端そこにゲロを吐いてしまった……って話。

そんな話がラジオから流れてくるんだよ！「カミさんのパンツを下ろす」なんて話題、絶対に他の番組では聞くことができないよな。たとえばドリフは、さんざんっぱらPTAから「不健全な番組だ」って批判されていたけど、不健全さで言ったら殿の『オールナイトニッポン』はドリフの比じゃない。深夜だから見逃されたようなものの、よくあの時代にあの内容を放送していたよね。

この番組の魅力は、「ビートたけし」というひとりの芸人が素っ裸になって、パーソナルな部分をとことん曝《さら》け出すことだった。そこにリスナーが共感して、すぐに大きなムーブメントを生み出すこととなったんだと思う。それは、中学生だったオレにはたまらなく魅力的だった。相方を務めていた高田《たかだ》文夫《ふみお》先生の存在も驚いたな。放送作家という職業を初めて知ったのは高田先生がきっかけだったね。本来ならば裏方であるはずの作家が、あのビートたけしと対等におしゃべりしながら、どんどん話を盛り上げていくんだから。

オレが今でも高田「文」夫と、北野「武」の「文武両道」を貫いているのは、間違いなくこの番組の影響だったよね。

殿のラジオを聴いていると、日常のイヤなことはすっかり忘れることができた。と同時に、自分がまだ経験したことのない世界を次々と知ることができた。毎週、殿の話すエピソード、そして、その考え方に多大な影響を受けていくことになったんだね。

今から思えば、そこには殿なりの粋がたくさん詰め込まれていたと思うし、現在のオレの〝核〟のようなものが形成されたような気がするな。

NHKには出られない芸名

たけし軍団入りを直訴してようやく認められた頃、「命名会」というのがあって、殿から芸名を頂戴《ちょうだい》する集まりがあった。そのときに提示されたのが、「シロマティ」と「蟻《あり》の門渡哲也《とわたりてつや》」、そして「玉袋筋太郎」だった。どうだいこの芸名！

このときオレはまだ10代だったけど、子どもなりに頭のなかでいろいろ計算していたんだ。当時、「黒人に対する人種差別だ」って言って、絵本の『ちびくろサンボ』が絶版になる大騒動があった。それに伴って、カルピスのラベルに描かれたロゴマークまで「黒人蔑視だ」って問題になる始末。巨人の助っ人、「クロマティ」をモチーフにした「シロマティ」は「いろいろ問題になりそうだな、こりゃ」と自分なりに判断をして、初めから自分のなかで却下していた。

次に「蟻の門渡哲也」も、「絶対に石原《いしはら》軍団と揉《も》めるだろう」と思ったので、これもまた却下。ということで、軽い気持ちで、残った「玉袋筋太郎」に決めたんだけど……コンプライアンスの欠片《かけら》もないこの芸名のおかげで想像以上に遠回りするハメになったよ。

高校を出たばかりで、自分にはなにも芸がないことはよくわかっていたから「せめて、芸名だけで笑いが取れりゃいい！」って考えたんだけど、思っていたよりも「玉袋筋太郎」という〝十字架〟は重過ぎた。

こんな芸名では、「天下のＮＨＫには一生出演できないだろう」って覚悟もした。だからこそ、のちに初めてＮＨＫの番組に出演したときは感慨深いものがあったね。

でも、今となっては遠回りしたことで「道はひとつじゃないんだ」と知ることができて、本当によかったと思う。

殿に命名してもらったこの芸名、死ぬまで大切にしていくつもりだよ。

「玉袋筋太郎」という芸名をよろこんでくれた親父

芸名をもらった直後に実家に帰ったときのこと。親父に、「殿から玉袋筋太郎という名前をつけてもらった」って言ったんだ。そうしたら、親父のリアクションは意外なものでかなり面食らったよ。

「それはいい名前だ。おまえ、たけしさんにいい芸名もらったな！」

自分の息子が「玉袋筋太郎」なんて名前をつけられたのに、笑顔で「いい名前だ」ってよろこんでいたんだよ。オレにもせがれがいるけど、自分のせがれがこんな芸名をつけられたら頭を抱えちゃうよな、正直なところ。でも、うちの親父はそれから何年も経って、一緒に酒を呑《の》んでいるときでも思い出したように言うんだ。

「玉袋筋太郎か……いい名前だな」

決して、息子のことを気遣ってお世辞で言っているわけじゃなくて、本心からよろこんでくれているのはオレにもわかった。

世間からは大バッシングを受けたし、「ＮＨＫには絶対に出られないぞ」って言われもしたけど、自分の身内である親父がここまで褒めてくれたことは自信になったね。「あぁ、この芸名でもいいんだ」って思えたからさ。

芸名を名乗るっていうことは、ある意味では本名と決別するということでもあるだろ？　親がつけてくれた名前を捨てるというのに、その親自身が新たに背負うことになる芸名を気に入ってくれた。しかも、玉袋筋太郎というとんでもない名前を。

尊敬する殿がつけてくれた名前を、親父がことの他気に入ってくれたということは本当にうれしかったよね。その後、親父は自ら命を絶つことになるんだけど、それは後で詳しく話そうか。

それにしてもだよ、玉袋筋太郎という芸名は重すぎる十字架になった。なにしろ、インパクトがあり過ぎる名前だもん！　自分のなかでも、「玉袋筋太郎はこんな男でなくてはならない」というイメージをつくり出すのに必死だった時期もあった。

言ってみたら、これはもう道なきところに道をつくり出す作業だよ。「玉袋筋太郎ロード」という新たな道をね。ちょっとイヤなロードだけどさ……。

このときイメージしたのが、フィクションの世界で言えば『トラック野郎』の菅原文太《すがわらぶんた》さんが演じる「桃《もも》さん」こと星桃次郎《ほしももじろう》。そして、ご存じ『男はつらいよ』で渥美清《あつみきよし》さんが演じた「寅《とら》さん」こと車寅次郎《くるまとらじろう》だった。マンガならば、『こちら葛飾《かつしか》区亀有《かめあり》公園前派出所』の「両《りょう》さん」こと両津勘吉《りょうつかんきち》。あるいは、『ど根性ガエル』の「梅《うめ》さん」こと佐川梅三郎《さがわうめさぶろう》もイメージしたよね。

実在の人物で言えば、第3章で詳しく話すうちのじいちゃん、酒を呑んでは道端で寝ていた近所の酔っ払いのおっちゃんたちも参考にしたような気がする。

とにかく、前代未聞の芸名だったから、誰をお手本にしてどんなロールモデルを描いたらいいのかよくわからなかったんだよ。

だからこそ、自分が好きだった映画やマンガ、アニメのキャラ、あるいは身近な人たちを参考にしつつ、そこに本来持っている自分の個性を加えていった。

でも、自分なりに一生懸命キャラづくりに励んだことで、少しずつ自分のなかでも「玉袋筋太郎」という芸人のあるべき姿がイメージできるようになっていった。そしてそれと同時に、世間からの認知度も高まっていくことになる。

あり得ない芸名だったからこそ、それまでどこにもない新しいキャラクターとしての「玉袋筋太郎」という芸人がかたちづくられていったんだと思うんだ。

そして、それがオレにとっての武器になった。そりゃだいぶ遠回りはしたけど、決して無駄ではなかったよね。

謹慎期間中にもらった殿からの「励ましの言葉」

かつて、浅草《あさくさ》キッドには謹慎しなければならなかった時期がある。あれは、96年のことだった。

簡単に言ってしまえば、運転免許証の写真を笑えるものにしようと考えて、アフロヘアで口ひげ姿に変装したり、頭に包帯を巻いて首にはギプスをつけた重症患者に扮《ふん》してみたり、変な写真で免許証をつくってみたんだ。

このとき、いろいろなバージョンで何枚もつくりたかったので、本当は手元にあるのに「紛失した」と嘘をついて、再交付を受けていたことが道路交通法違反として問題になったというわけ。すぐに書類送検、略式起訴されれば謹慎期間も決まったんだけど、なかなか処分が出ない。その結果、無期限の謹慎をすることになった。実際に免許をつくったのは相方である水道橋博士《すいどうばしはかせ》だったんだけど、もちろんコンビである以上は連帯責任。だから、オレも謹慎することになった。

謹慎当初は、「少しのんびりするかな」なんて気楽に構えていたけど、次第に貯金残高が減っていくにつれて焦りはじめた。もともと大した額があったわけじゃないから、貯金なんてすぐに底をついて、あっという間に借金生活に突入だよ。結婚もしていたし子どももいたから、家族にはずいぶん心配をかけたよね。

それでも、仕事があればまだ返済の希望もあったけど、仕事はまったくないし「いつ復帰できるのか？」とか、「そもそも復帰できないんじゃないか？」って、真っ暗闇のなかにいたから、今から思えばどん底の時期だった。

そんなとき、殿から連絡がきたんだよ。「おまえら暇だろ？　メシでも食わせてやるよ」ってね。だから、ガソリン代もタクシー代もないっていうことをアピールするために、シャレのつもりでわざわざ自転車で行ったよ、六本木《ろっぽんぎ》まで。

はじめは普通に食べたり、呑んだりしていたんだけど、話題はどうしてもオレたちの謹慎処分になっていった。そして、殿がこう言ったんだ。

「おまえら、世間を巻き込んでお笑いをやったつもりになっているんだろうけどさ、まだまだ小《ち》っちゃいよ、やってることが」

オレも博士も殿の言葉を真剣に聞いている。

「オレなんか『FRIDAY』だぞ。天下の講談社を相手にケンカを売ったんだ。それに比べたら、おまえらの騒動なんか小っちゃいよ。スケールがちがうよ」

殿がオレたちのことを慰めてくれているのはすぐにわかったよ。そして、殿はさらにオレたちを勇気づけてくれる言葉を与えてくれた。

「……でも、やってしまったことは仕方ない。謹慎期間は黙ってじっとしていろ。オレも謹慎したけど、オレはきちんと笑いで取り返した。今は苦しい時期かもしれないけど、おまえらもきちんと笑いで取り返せ」

その後も、「明けない夜はない」って話を聞かせてくれた。

オレはさ、この夜のことを一生忘れないよ。

それにしても、この日の酒は応《こた》えたねぇ。相当気持ちよく酔わせてもらったんだろうね。

オレ、帰る途中に自転車ごと電柱に激突しちゃったんだよ。今は自転車でも飲酒運転になるけど、あの当時はまだ大丈夫だったから。それでおでこに大きな傷ができちゃったんだ。その傷は今でもあるよ、まるで『愛と誠』のような話だよな、ホント。

この頃、博士が偉かったのは謹慎期間中で収入が途絶えていたにもかかわらず、確か70万円ぐらい出してＭａｃのパソコンを買ったんだよ。そこから、「毎日日記をアップしよう」と考えて、今のメルマガとか文筆活動につながる種を蒔《ま》いたんだ。

あのときのパソコン購入が、確実に今の博士の武器になっているからね。

出口の見えない謹慎期間だったけど、それでも心折れずに「いつかのために」と頑張ることができたのは、あの日の殿のひと言が大きかった。殿に言われたように、「どんなに辛《つら》くても、明けない夜はない」って気持ちになれたし、「絶対に負けない！」という原動力にもなった。

ここでへこたれなくて、本当によかった。あの日の殿には心から感謝したいし、これからも一生、頭が上がらないよな。

決して、直截《ちょくせつ》的な言葉で慰めているわけではないのに、結果的に慰められている。こういうのもまた、粋ってやつだよね。

殿と一緒に酒を呑む「社長会」

常に精力的に活動し、今でも第一線で現役バリバリの活躍を続けている殿は、70歳を過ぎても超多忙だ。それでもオレたち浅草キッドは、「社長会」と称して、年に2回程度は殿と一緒に食事をする機会をつくっている。

じつはオレたち浅草キッドは、まだ売れる前から「贈答作戦」ということをしていた。給料4万円の時代から、やがて15万円もらえるようになった頃のこと。

まだ若手だったオレたちにさんざん嫌がらせをしたり、理不尽なイジメをしたりしていたテレビスタッフや、先輩や兄さんたちに「あえてお中元とお歳暮を送りつけよう」と考えたんだ。そうすれば、それまでオレたちを足蹴《あしげ》にしていた先輩たちも、もうなにも言えなくなるだろうって思ったんだよね。そしてこの作戦はまんまとうまくいって、それまで嫌味ばっかり言っていた先輩たちが急に「おまえたちも頑張っているな」とか、「これまで済まなかったな」と、急に態度を変えるようになったんだ。

で、もちろん殿に対してもお中元やお歳暮は贈っていたんだけど、天下のビートたけしの下には、日本中からさまざまな名産品や贈答品が届いていた。もちろん、金だってオレたちの何十倍、何百倍、何千倍も持っている。

金もあるし、貰《もら》い物も十分持っている殿に対して、オレたちができることは皆無に等しかった。そこで、博士と頭をひねって「贈答作戦の代わりに、オレたちが殿を接待するというのはどうかな？」と考えたというわけ。

我ながら、じつにいいアイデアだと思ったね。

それで、おそるおそる「ぜひ奢《おご》らせてください」って提案してみると、予想以上に殿はよろこんでくれたんだよ。それが20年くらい前のことだったけど、以来、年に数回の恒例行事になった。手順としては、こちらのスケジュールを殿のマネージャーに伝えて、お互いの都合のいい日にちを決める。そのときに、「なにが食べたいですか？」と希望も聞いておいて、こちらで店も予約する。

鮨《すし》屋にも行ったし、フグ料理屋にもスッポン料理にも行ったな。もちろん、イタリアンだったことも、フレンチだったことも、中華だったこともある。殿の希望に合わせて、オレたちが店をチョイスするんだ。

そして、ふたりで殿と一緒にたわいもない話をしながら楽しく食べて、呑んでさ。オレたちはもちろんだけど、殿も凄くよろこんでくれているのが伝わってくる。

そもそも、どうして「社長会」という名前がついているかというと、オレたちふたりが「社長」になって、「駆け出しのたけちゃん」にご馳走《ちそう》するという設定だから。

「どうなのたけちゃん、最近は？」

こんな感じで、オレたちが偉そうに話しかけるんだけど、殿もその設定を楽しんでくれているようだよ。なにしろ、普段そんな風に話しかけられることなんてないだろうからさ。だって、殿は「世界のキタノ」なんだもの。

映画監督として、ヴェネツィア国際映画祭で賞を獲得した後の「社長会」ではこんなこともあったよ。

「最近、頑張ってるね、たけちゃん。イタリアで映画の賞もらったんだって？」

すると、殿は恥ずかしそうに「はい……」と答えるんだ。そんなやり取りができるのも、この「社長会」ならではの楽しみ。

こんな感じで毎回一緒に遊んでいるんだけど、あるときこんなやり取りがあった。そして、このやり取りこそ、殿の粋を感じさせる出来事だったんだ。

日本中を騒然とさせた、例のバイク事故が起こったのは94年の夏のこと。それから数年後の社長会で、殿がこんなことを呟《つぶや》いた。

「世間がオレのことをどんな風に言っているのか、それは自分でもわかってるよ……」

バイク事故からしばらくの間、世間では「もうたけしは終わった」とか、「最近のたけしはつまらない」とか言われはじめていた。

そんな話を耳にするたびに、弟子としてオレたちも心の底から悔しかった。そして、当の本人だって世間が自分のことをそう見ているっていうことは知っていたんだね。

そのときに、殿が言ったんだよ、「いつか見てろよ」ってさ。

それは静かだったけれど、じつに凄みのある声だった。

そして、こうも続けた。

「もう少ししたら、世間の評価を一気にひっくり返してやるからな」

それから半年後のことだよ、映画『ＨＡＮＡ－ＢＩ』がヴェネツィア国際映画祭のグランプリ・金獅子《きんじし》賞を獲得したのは。

事故で表舞台に出られなかった間に書き溜《た》めたたくさんの絵画。それが、この映画のなかではとても印象的な場面で何度も登場するけど、それもまたカッコいいよな。言ってみりゃさ、滝つぼのなかで竜が牙《きば》を研いでいるような感じだよ。誰にも知られないところで、いつかくるその日のためにじっと己を磨いていたんだ。

手のひらを反すように、白けた目を送っていた世間に対する反発をエネルギーに変えて、有言実行した殿の姿を目の当たりにして、オレたちもいろいろ感じることがあった。

世間が冷めた目で見ているときに、ジタバタしたってなにも変わらない。でも、そんなときこそじっと耐えながら、それでも決してあきらめることなく「いつか見てろよ」というエネルギーを持って、もう一度立ち上がる準備を整えていたんだ。

多くは語らなかったけれど、殿の態度はそんなことをオレたちに教えてくれた。

あの夜の殿のたたずまい――それこそ、粋な男の姿そのものだった。

名曲『浅草キッド』の粋

芸人・ビートたけしとしてとことんお笑いを追求してきた側面と、映画監督・北野武として過激な暴力シーンを通じて生や死を描く側面。殿にはふたつの顔があるけれども、根本にあるのは人としての優しさだとオレは思っている。

殿の映画の魅力は、余計なものを足さねぇこと、決して盛らないこと。「生きるか、死ぬか？」という大きな問題をテーマにしているのに、いつも淡々と物語は進んでいくじゃない。それは、基本的には余計なものを「削《そ》ぎ落とす」という作業に徹しているからじゃないのかな。

もちろん、北野作品には泣ける映画もある。胸が苦しくなるような切ない場面もいっぱいある。でも、それは過剰なセリフだったり、大袈裟な音楽だったり、そんなもので盛られたものじゃない。なんて言うのかな、適切な表現が見つからないけど鼻につかない提示の仕方なんだよな。

たとえばセリフにしたって、「そこは言うだけ野暮だろう」とか、「みなまで言うな」って感じなんだよな。あるいは、登場人物の振る舞いにしても「そこまでしねぇよ。しなくてもわかるだろう」って感じで、余計な説明が一切ない。

これって、映画の作劇術というテクニックというよりも、殿自らの生き方そのもののような気がしてくる。

だって、『浅草フランス座』時代の出来事をモチーフに、殿自ら歌詞を書いた『浅草キッド』なんてさ、たったあれだけの文字数でもの凄い世界観をつくり出しちゃうんだから。下積み時代のことを歌ったこの曲は、オレたち芸人だけじゃなくて、困難に直面している人、壁にぶち当たっている人には相当刺さる歌だよな。

『浅草キッド』 作詞 作曲・ビートたけし

お前と会った 仲見世の
煮込みしかない くじら屋で
夢を語った チューハイの
泡にはじけた 約束は
灯《あかり》の消えた 浅草の
コタツ1つの アパートで
同じ背広を 初めて買って

同じ形の　ちょうたい作り
同じ靴まで　買う金は無く
いつも笑いの　ネタにした
いつかうれると　信じてた

客が２人の　演芸場で
夢をたくした　１００円を
投げて真面目に　拝んでる
顔にうかんだ　おさなごの
むくな心に　またほれて
１人たずねた　アパートで
グラスかたむけ　なつかしむ
そんな時代も　あったねと
笑う背中が　ゆれている
夢はすてたと　言わないで

他にあてなき　2人なのに
夢はすてたと　言わないで
他に道なき　2人なのに

売れない漫才コンビが「煮込みしかないくじら屋で」「いつかうれると信じて」、酒を呑みながら夢を語り、希望を語り、それでも現実は厳しくて……。一流の漫才師を目指す「他にあてなき2人」を描いた歌詞は、聞けば聞くほど泣けてくる。

これも、説明を削ぎ落とし、できるだけ余計な説明を排した殿の生き方、もっと言っちゃえば〝美学〟のようなものが表現されている。
キタノ映画の登場人物もそうだし、『浅草キッド』の歌詞に出てくる漫才師たちもそうだけど、彼らはみんな完全無欠のヒーローなんかじゃないし、カッコ悪いヤツが一生懸命に背伸びをしてなんとかカッコつけようとしている。だけどやっぱり、カッコよく振舞うことができずに、ステーン！　とスッ転んじまって……。

カッコ悪いカッコよさ——そんなものが滲《にじ》み出ているような気がするんだ。これが逆に、カッコいいヤツがカッコつけたって、なんの感動もないじゃない。

負を背負っている者だけが表現できる、寂しさとカッコよさ。

それが、殿の作品には滲み出ているんだ。そしてそれは、まさに殿の生き方そのものだと思うんだよ。

常に、そこにあるのは「自分ごときが……」っていう、照れや恥じらいのようなものなんだよね。そういった、奥ゆかしさを持った人にオレは本当に惹かれるんだ。

そして、まさにそれが殿。

そして、そこに「粋とはなにか？」の答えがあるような気がするんだ。

第2章　で、「粋」ってなんなのよ？

「まずは遠慮から」の精神

第1章では、オレに多大な影響を与え続けている「殿」――ビートたけし師匠との交流を通じて感じた、「粋《いき》」のヒントみたいなものを書き綴《つづ》ってきたけど、この章ではもっと身近な人たちとの日常の交流から感じたことを書いてみたいと思う。

オレにとっての「日常」とは仕事をして酒を呑《の》むこと。50歳になったけど、若い頃と変わらずに、いやそれ以上に今でも毎晩呑み歩いてはいい気分で酔っ払っているよ。……って、偉そうに言うようなことじゃないよな。単に、酒を呑んでいるだけのことだもんな。

でも、毎日、全国各地の酒場で酒を呑んでいるといろいろな人に出会う。惚《ほ》れ惚《ぼ》れするようなカッコいい呑み方をする人もいれば、「あんな呑み方はしたくないな」っていう、無様な呑み方をする人間もいる。

ここで言う、「カッコいい、カッコ悪い」って、要は「粋か、野暮か」っていうこととおんなじことなんだと思う。あらためて、「オレはどんな態度をカッコいいと思うのだろう?」って考えを巡らせてみると、意外とシンプルな答えにいきついたんだよね。

オレが好きなのはさ、「遠慮のある人」なのかもしれない。遠慮があるかどうかで、カッコいいかどうか、つまり、粋か野暮かが決まってくるんじゃないのかな。

酒の席で、自分の社会的な地位や立場だとか、あるいは年収だとかを自慢するヤツっているじゃない。芸能人でもいるよ……そんなに売れてもいないのに、「オレは売れっ子だから」オーラをバンバン出して威張っているようなヤツもさ……。

それって、本当にカッコいいと思うかい？　少なくともオレにはまったくカッコいいことだとは思えない。

それなのに、酒の席でも日頃会社で振る舞っているような言動のままのヤツっているじゃない。あるいは、芸能人アピールをして特別待遇を求めるバカもいるんだ。ああいうのって、ホントにカッコ悪いよな。

「遠慮」ということで言えば、オレなりに気をつけていることがある。

たとえばさ、地方のロケ終わりに地元の感じのいい居酒屋に行ったりするよね。そんなときは、まずはその店のルールを探ることからはじめるようにしてるんだ。店には、必ずその店独特の「ルール」がある。

たとえば、オーダーの順番だとかオーダーするタイミングだとかも大切だよ。

この店の名物はどんな料理なのか、「とりあえずビール！」の感覚で最初に頼んだほうがいいのか、それとも締めに注文したほうがいいのか。バクバク食べたほうがいいのか、あるいはゆっくり噛《か》みしめるようにチビチビと食べたほうがいいのか。

なかには、「そんなもん、自分の食べたいものを食べたいときに食えばいいだろ」っていう意見もあるかもしれない。でも、そういうもんじゃないんだよ。

よくいるだろ、手を上げながら大きな声で「スイマセ〜ン！　注文いいですか〜？」なんて、大声を張り上げる客が。ああいうのはなんとかならないもんかなぁ。

いかにも、「客として当然の権利だ！」みたいな感じで、「スイマセ〜ン、スイマセ〜ン！」って、偉そうに手なんか上げたりしてさ。

オーダーっていうのはさ、客と店員との〝阿吽《あうん》の呼吸〟なんだよ。

客の特権だと思って、偉そうに「スイマセ〜ン！」なんていうのは「さあ、注文を聞きにこい！」っていう感じで、オレはすごくイヤだな。テーブルに注文用のボタンがあるでしょ、「ピンポーン！」って鳴らすのが。あれを連打するのもよくないよね。

忙しそうなときには、「まあ、落ち着くまで待つか」っていう心の余裕が必要だよ。注文するにしても、恥じらいや遠慮のようなものがなくちゃさ。

あるいは、客のノリだとか雰囲気だとかも注意してみなければいけない。大人数でワイワイ騒ぎながら呑むような賑《にぎ》やかな店なのか、それとも、仕事終わりのオジサンたちがひとりしみじみ呑む店なのかも考えなくちゃ。

だって、しんみりと杯を傾けているお父さんの横で大きな声でバカ笑いなんかしていたら店のムードはぶち壊しだし、このオジサンの唯一の息抜きかもしれない憩いの時間を奪ってしまうことになるじゃない。

同じ酒呑みとしては、そういうことは絶対にしたくない。要はさ、自分がされてイヤなことは人にはしないという子どもでもわかるシンプルな理屈だよ。

そして、店には大抵「主」とか「顔役」と呼べるような存在のお客がいるもんだよ。そういう人の顔色をうかがうことも大切かもしれないな。新参者のくせに我が物顔でふるまったらいけない。先輩諸氏のことを、心から気遣う思いやりが大切だよ。

もちろん、店を切り盛りしている大将の人間性、キャラクターもしっかり観察して把握したいところ。高倉健《たかくらけん》タイプの寡黙な人なのか、高田純次《たかだじゅんじ》タイプの陽気なおっちゃんなのかで、こちらのリアクションだって当然変わってくるもん。
その立ち居振る舞いを見て、その場に合った自分の振る舞い方を見つけていくんだ。
ここで忘れてはいけないのは、「この店では、自分が一番のペーペーなんだ、新参者なんだ」ということ。その思いがあれば、決して出過ぎたマネなんかできるはずがないんだから。

こうやって、次第に店のルール、雰囲気、客層、店主のキャラクターなどが見えてきた段階で初めて、少しずつ〝自我〟をアピールしていけばいいよね。徐々に自分を出していけばいいのに、いきなりすべてを曝《さら》け出すのはやめたほうが賢明だと思うんだ。そういうヤツを見ていると、「やらかしちゃってるな……」って、見ているこっちのほうが恥ずかしくなってきたりもする。なにごとにおいても、「やらかしてるヤツに粋な男はいない」というのは、揺るぎない真実だと思うよ。

でもさ、こういった鋭敏なセンサーっていうのは、単に酒場だけでなくて、すべての人間関係にいい影響をもたらしてくれるとオレは考えてる。

若い人には、「そんなに面倒なら、わざわざ酒場になんか行きたくない」という人もいるかもしれない。でも、若いうちにこうしたトレーニングを積んでおくと、年をとったときに絶対に役に立つんだ。本当だよ、騙《だま》されたと思ってやってみなよ。

そもそも、意固地になって「オレはこういう人間なんだ。オレのポリシーは絶対に変えない」なんてふんぞり返っていたら、美味《うま》い酒なんか絶対に呑めない。さっき言った自分の社会的な地位や肩書き、年収を自慢しているような人間は正直かわいそうだよな。いくら呑んでも、本当の美味い酒じゃないんだからさ。

なにが言いたいかというと、粋な男っていうのは自分に自信があるから余計な自己主張をしないんだよ。要はさ、「まずは遠慮から」の精神が徹底している男なんだよね。

酒場で出会う人たちのなかで、オレが「この人、カッコいいな」と思う人って、大抵が〝遠慮の塊〟みたいな人たちばかりだから。プライベートの殿なんて、まさにそうだよ。「オレもそうなりたい」といつも肝に銘じているんだ。

基本は恩返しの精神

殿の下に弟子入りして、浅草の『フランス座』で見習いをしていた頃の月給は3万円だった。だから、あの当時は本当に貧乏だったよ。第3章で詳しく触れるけど、ちょうどこの頃から酒を覚えはじめたので、それでも貧しいなりに酒を呑んでいたんだよね。なけなしの金をはたいて呑む酒は最高に美味かった。そんなときに酒を奢《おご》ってくれたり、世話をしてくれたりしてくれた人は心底ありがたい存在だったね。

オレ自身がまだ〝何者〟にもなっていない時代だったからこそ、若いときに世話になった人のことは絶対に忘れちゃいけないと思っている。もちろん、ない袖《そで》は振れないけど、できる範囲で恩返しはしたいよ。

それが、オレにとっては駆け出しの頃に、いつも酒を奢ってくれたダンカンさんだったり、何者でもなかったオレを拾ってくれた殿だったりするんだ。

別にたいしたもんじゃなくてもいいんだよ。なにかのついでにタバコを余分に買ったり、ラーメン一杯奢ったりするだけでも、感謝の気持ちは相手に伝わるはずだからさ。第1章で言った先輩方への「贈答作戦」も、根本にあったのは恩返しの気持ちだった。

勘違いしないでほしいのは、それは決して打算とか、計算じゃない。不純な下心があるとき、それは本物の恩返しとは言えないからね。

大切なのは心からの感謝の気持ちであって、打算や計算はすぐに見透かされてしまう。それほどカッコ悪いことはないよ。

恩返しの精神を教えてくれたのは殿だった。なにしろ、尊敬する殿が恩返しの精神に満ちあふれているからね。

本人は照れて話したがらないけど、浅草『フランス座』時代に世話になった人の面倒をいまでも見ていることは有名な話だから。その精神はオレも見習いたい。

それが、殿と浅草キッドで開催している「社長会」なんだよ。もしもオレが殿の立場だったら、こんなにうれしいことはないと思うんだ。若い頃から面倒を見てきた自分の弟子が、曲がりなりにも何年も芸能界で生きることができて、年に何回か自分にごちそうしてくれる。

自分で言うのもなんだけど、オレたちはよくできた弟子だよ、ホントに！

それに、うちのじいちゃんも「恩返し」が大好きな人だった。

かなり豪快な人で、近所の世話役を自ら買って出て、お祭りになれば張り切ってビールを振る舞ったりジュースを配ったり、近所の若い衆の面倒を見ていたもんだよ。

それも、自分が住む町内で、みんなに助けられて生きてきたことを理解していたからだと思うんだよね。だからこそ、「ここ一番！」という場面でじいちゃんは張り切ったにちがいない。

近所の人たちが、みんなでじいちゃんのことを慕っているのを感じることができた。子ども心に、そんなじいちゃんのことはカッコいいと惚れ直したもん。

殿とうちのじいちゃんに共通しているのは、決して見返りを求めないというところかな。いくらこちらが恩返しのつもりで尽くしたとしても、相手はそれを当然のこととととらえたり、なかには、「もっとよこせ！」なんていう横柄な人間もいたかもしれない。

だけど、「恩返しの精神」を持つ人たちは、それでも平然と感謝の気持ちを持ち続けられるんだろうね。オレにはまだよくわからない心境だけどさ。

それってカッコいいよな、粋だよな。

人生はトラックの荷台のようなもの

25歳で結婚して子どもを持ったときに、若いなりに「オレにも背負うものができたな」って思ったね。そして、ようやく子どもが結婚してオレの下から離れていったときに、「ようやく責任を果たすことができた」って安堵《あんど》したもんだよ。

でも、ちょうどその頃には、年老いたお袋の面倒を見るようになった。

そんなお袋と一緒に暮らしていると、日に日に弱っていく姿を目の当たりにすることになる。それって、本当に辛《つら》いものだよね。昨日できたことが、今日できなくなっている。そんな姿を目の当たりにするわけだからさ。子どもにとって、親というのはいつも元気で頼りになる存在だったのに、いまとなってはかなり弱々しくなっている。

若くて元気な頃のイメージが残っているから、ちょっと粗相をするとつい厳しく当たっちゃうんだよな……。きっと、目の前の現実を受け入れたくないからなんだよね。それで、またそんな自分に対して自己嫌悪に陥ったりして。

ようやく子どもから手が離れたと思ったのに、今度は年老いた親の世話をする生活がはじまった。背負うものがひとつなくなったら、また別の背負うものが出てくる。つくづく、人生って大変だよね。

てめぇのことだけを考えていられた若い頃がどんなにお気楽だったかって、いまさらながら痛感している。

最近、つくづく思うんだ。

人生ってのは、トラックの荷台のようなもんじゃないのかなって。

若い頃っていうのは自分自身が軽トラックみたいなもので、積み荷も小さいんだよ。だから、積める荷物も限られている。いまから考えれば大した重量でもないのに、「重い、重い」ってヒーヒー言いながら、なんとか目的地まで積み荷を運んでいったものだよ。

ときにはさ、過積載になることもあったと思うよ。自分の能力では処理できないほどの難題を押しつけられて、途中で荷台の荷物を落としたり、道に迷ったりしながら、ようやく目的地に辿《たど》り着いたりして。

それに、自分の器は変わっていないのに、積み荷だけがどんどん増える時期もあったよね。まだたいした実力もないのに、テレビに出はじめていろいろなことを求められたりした当時なんかは、そんなことを感じたこともあった。

でも、そんなことを繰り返しているうちに、さまざまな経験を通じて少しずつ自分の能力も上がっていく。つまり、トラックも少しずつ大型化していって、その分積める荷物も大きくなっていくんじゃねぇのかな？

もちろん、積み荷の内容も変わってくる。乱暴に扱っても大丈夫なものから、一歩間違えたら大爆発するような取扱注意の最重要案件もあるだろう。

それに、それまでは近場にしか運べなかったのに、気がつけば長距離トラックの運転手となって、何泊もしながら目的地に辿り着けるようになっていく。


長いこと生きていると、荷台に積める量も変わってくる。運ぶ内容だって変わる。そして、届ける距離や目的地も変わってくる。大変だよな、生きていくってことは。

でも、今まで運べなかったものが大量に遠くまで運べるようになったときには、それまでに感じたことのない達成感を覚えるのも事実。少しだけ自分が大きくなったような、自分のことを誇らしく思える瞬間が必ず訪れる。

オレの場合は子どもが無事に結婚して、独立した瞬間にそれを痛感した。

縁起でもねぇ話だけど、いずれお袋を見送るときにも、寂しさのなかにも達成感を感じると思う。いや、そう思いたいよな。だって、いまできる精一杯のことをやっているって自負があるから。

オレは今でも過積載だよ。でも、人生というトラックにおいては過積載ぐらいがちょうどいいんじゃねぇのかな。

地べたからの目線を忘れない

威張る人間に共通していることがある。

人のことをバカにしている人間というのは、例外なく「上から目線」だよ。文字どおり、「人を見下している」んだ。

逆に謙虚な人間ほど、対等な目線を忘れない。いや、むしろ対等ではなくて自分のことを、より下に置いているような気がするな。

殿だってそうだよ。「世界のキタノ」と呼ばれるようになっても、いまだに「足立区のたけし」の心意気を忘れないっていうのは、地べたからの目線を忘れていないからだと思う。要は、粋な男というのは「地べたからの目線」を忘れない人間なんだ。決して上からの目線じゃなくて、人よりも低い位置、地べたからの目線を大切に持っている人だよ。

オレの大好きな競輪の話をして恐縮だけどさ、競輪場には「特観席」と呼ばれる場所がある。「特別観覧席」の略なんだけど、たとえば東京の京王閣《けいおうかく》競輪場には５００円を支払って座ることのできるメインスタンド2階、３階席もあれば、３０００円支払って競輪予想紙やビールのサービスを受けられるメインスタンド4階席もある。

たまに特観席でレースを見ることもあるんだけど、そりゃあ確かに快適だよ。冷暖房は完備しているし、ガラス窓越しにゆっくりとレース全体を見渡すこともできるわけだからさ。

だけど、あるときふと思ったんだ。

(玉袋筋太郎が特観席で優雅に見ていてもいいのかな？)

それ以来、特別なことがない限りは「オレは一般席で見よう」って決めたんだよ。ちなみに一般席ってのは、たった50円で見ることができる。あるとき、大勢の人たちのなかに紛れて車券を握りしめながら熱心にレースを見つめていたら、見知らぬオジサンに「やっぱり、おめぇはここにいるな」って声をかけられたんだ。なんだかうれしかったよね。

酔っ払いのオジサンたちの会話を聞いていると癒《いや》されるんだ。会話の一つひとつに血が通っているんだよ。彼らの話を聞いていて、「なんて素晴らしいDJたちのトークなんだ」って感激しちゃうもん。名もなきDJたちの、生々しいトークの数々。酒もそれなりに入っているし、金を賭《か》けたギャンブルの真《ま》っ只中《ただなか》にあるオジサンたちだから、飾り気のない本音が次々と繰り出されてくる。

これこそ、まさに地べたからの目線による生の会話、人間の本性だよ！

オレがスナック好きなのも、地べたからの目線を忘れていない人たちが生の感情をぶつけ合う場所だからなんだと思う。

これはさ、競輪やスナックだけの話じゃないよ。たとえば、芸能界のポジションにしたって、人としての生きる道だってまったく同じこと。上から目線では決して見えないもの、気づかないものがあるはずなんだ。

もちろん、「いつかは特観席に座りたい」という思いを原動力にして頑張るっていうのも大切だよ。オレだって若い頃は、〝芸能界の特観席〟を目指していたもんだよ。それでも、いくら頑張ってもなかなか特観席に行くことができなくて、ひねくれたり、妬《ねた》んだり、僻《ひが》んだりしたこともあった。そんなのは醜い考えだよ。

だけど、自分なりに努力を続けて、芸能界で自分なりのポジションを摑《つか》んだ実感を得たら、いまでは特観席に対する憧《あこが》れもそんなに強くなくなってきた。お笑い界のど真ん中で、自分をアピールしなくてもいいという気になってきたんだ。自分の笑いを追い求めた結果、それをよろこんでくれる人が少しでもいればそれでいいって、ね。

まったく金がないわけじゃないんだから、競輪場で特観席に行こうと思えば行ける。でも、あえて行かない。

それは負け惜しみとはちょっとちがうんだ。人生の選択肢が増えるってことは大切だよ。自分の意思で選択できる環境をつくり出したうえで、「地べたからの目線」を決して忘れないことだよな。

オレは競輪の特観席からそれを学んだ。真面目にギャンブルをやってきた甲斐《かい》があるよな！　偉そうに言うことじゃないのはわかっているけどさ。

やせ我慢でもがき続ける

オレが『ビートたけしのオールナイトニッポン』に夢中になっていた中学生時代、同級生たちが夢中になっていたのは横浜銀蝿《ぎんばえ》だった。

あの時代、世間全般がツッパリブームでさ、髪はリーゼント、長ラン、短ラン、ボンタンというように、独特のツッパリ仕様の制服を着てみんな粋がっていた。

でも、オレはそういうファッションにまったく魅力を感じなかったし、むしろ「グレてるヤツはカッコ悪いなぁ」とさえ思っていたんだ。

だって、オレは彼らの言う「ツッパリ」よりも、〝本当の不良〟を知っていたからね。そう、深夜放送を通じて語られるビートたけしの言動のほうが、ずっとずっと不良だと感じていたんだ。

お姐《ねえ》ちゃんをナンパしてなんとかコーマンに持ち込んだ話とか、殿が子ども時代に出会った足立区のヘンな人の話、修業時代を過ごした浅草のとんでもないオジサンのエピソード……。当時のオレは中学生だったけど、「そんなことを言ってもいいの？　大丈夫なの？」と心配になるような武勇伝の数々に魅了された。それを面白おかしく話してくれるわけだから、それはもうイチコロだよな。

この番組を聴いていたのはクラスでは2～3人ぐらいだったから、同級生の大多数よりもひと足早く大人の世界をのぞき見るような興奮があった。

なにしろ、「こないだ、キャッシュでポルシェ買っちゃったよ」なんてことを平然と語れる大人なんて、周りにはいなかったから。って、いるはずもないよな！　殿の話すエピソードはスケールが大きかったし、そんじょそこらの不良じゃないよ。

もちろん、この頃はまだ殿とは面識なんかなにもないんだけど、「オレの知ってるビートたけしは、横浜銀蝿よりもずっとワルだよ」って思っていたんだ。子ども心にもどんなに粋がって悪ぶっているヤツよりも、「こっちのほうが絶対に悪いオジサンだ！」って。

その後、世間では尾崎豊《おざきゆたか》ブームが巻き起こるけど、やっぱりオレにはピンとこなかった。「盗んだバイクで走り出す～」って歌われても、「いやいや、盗んじゃダメだろ。バイクは買うものだろ」なんて思っていたし、「夜の校舎、窓ガラス壊してまわった～」って歌われても、「おい！　それは不法侵入だろ！」なんて冷静に考えていたから。

そういう意味では、オレの場合は「血中銀蝿濃度」も「血中尾崎濃度」もゼロだね。大人になってからあらためて考えてみると、どうしてオレが横浜銀蝿にも尾崎豊にもハマらずに、彼らに熱狂する同級生たちを醒《さ》めた目で見ていたかと言えば、彼らの行動にはやせ我慢がなかったからだと思う。

粋がっていたヤツらのなかには、片親だったり、親父の暴力が酷《ひど》かったり、家庭環境に恵まれていないヤツも多くて、同情すべき点もあったかもしれない。そして、自分が親になったことで「愛情に飢えていたから目立ちたかったのかもな」って考えたりもする。

オレが彼らに共感できなかったのは、たぶん、「こいつら早過ぎるな」って思っていたからなんだよね。どういうことかというと、「楽しみを全部先にやり過ぎている」という気がしたんだ。ダボハゼみたいにさ、目の前にエサをぶら下げられたらすぐに食いつくなんて、オレはイヤだな。

自分の本能とか欲望に衝動的に生きているだけであって、いわゆる〝ダメ〟というのかな、我慢がないんだよね。暴走族にしたって、みんなでつるんでいるけど、まったくカッコいいものには見えなかった。バイク事故で死んじゃったヤツもいたけど、そうなってからではもう取り返しがつかないじゃない。

それよりも、じっとひとりでいつかくる日のために「いまに見ていろ」と力を溜《た》めているような感じのほうがカッコいいよ。

バイク事故の後、「たけしは終わった」と言われながら、エネルギーを溜めてみんなが驚く映画を撮った殿もそうだよ。

自分のことで言えば、「玉袋筋太郎」という名前のおかげで、かなりの遠回りをすることになったけど、それもいまでは「いいタメができたな」ってとらえてるんだ。

オレの大好きな作家、『苦役列車』の西村賢太《にしむらけんた》先生なんて、「どんだけタメがきいてるんだよ！」って突っ込みたくなるほど、それまでの人生で泥水をするような経験をしてきたから、あの作品が生まれたんだと思うしさ。

だって、やせ我慢している男の姿ってカッコいいじゃない。

本当は欲しくて仕方ないのに、「いや、自分はいいです……」なんて言ってみたいじゃない。やせ我慢ができるかどうか――。これもまた、粋か、野暮かを分けるひとつの指標となるんじゃないのかな。

人生には縦穴と横穴が必要

ひとつのことに対して、わき目もふらずに愚直に突き進む生き方っていうのもカッコいい。でも、それとは逆にいろいろなことを経験して、多くのことを考えて少しずつ大きく、強くなっていく。そんな人生もまた粋だとオレは思うね。

ちょうど40歳になる頃かな、オレは「玉袋筋太郎シジュウから計画」というものを実行したんだ。文字どおり、「40から、なにか新しいことに挑戦しよう」と考えたんだよね。

30代の頃に自転車に夢中になって、一時期は「自転車芸人」と呼ばれたこともあったんだけど、40代になったことをきっかけにして新たに夢中になったのが競輪とスナックだった。50代になったいま、結果的に競輪もスナックも仕事としてつながっているから、やっぱりなんでもやってみるものだよね。

自転車も酒も、もともと好きだったから苦もなく夢中になって続けることができたんだけど、競輪に関してはちょっと苦い思い出もある。

ちょうど、「自転車芸人」ということでテレビやレースに出ていた頃、オールスター競輪のときに初めて車券を買ったら、完全なビギナーズラックで40万くらい取ったんだよ。それでさ、テレビやラジオに出るたびに「競輪、面白《おもし》れぇ！」って言っていたら、それがきっかけになって京王閣競輪場のイベントに呼ばれることになった。浅草キッドとしてじゃなくて、玉袋筋太郎単体でね。

それで、京王閣競輪のＦ２（Ａ級選手のみで行われる普通開催）のナイターで２ステージを行うことになったんだけど、ここでものすげぇ赤っ恥をかいた。お客さんは熱心な競輪ファンばかりだったんだけど、こっちはにわかファンだから、なにを言っても上滑り……まったくもって笑いが起きなかった。

いま振り返ってみても、あの夜はオレの芸人人生で一番恥をかいたステージだった。それでもギャラをもらったんだけど、やっぱりどうしても後ろめたくてね……。

それで、「あぁ、このままじゃいけねぇな」と反省して、真剣に競輪と向き合うことにしたんだ。こう見えても根は真面目だから、そりゃあもう真剣に勉強したよ、競輪を。と言っても、酒呑みながら熱心に予想紙を見て車券を買っていただけだけどさ。

そういう姿を誰かが見ていてくれたのか、いつしか競輪専門チャンネルからの出演依頼が舞い込むようになって、ますます大の競輪ファンになっていた。本当によかったよね、必死に競輪に打ち込んで。

その結果、時事ネタを絡めながら競輪を語れる芸人はオレしかいないという自負を持てるようになった。「自民先行で、そのまま逃げ切っちゃったよ！」とか、「小池百合子《こいけゆりこ》、先行していたのに、ここで落車してどうするんだよ！」って置き換えることができるし、その逆に競輪の世界を政治で語ることもできるし、芸の幅が広がったことは間違いない。

なんでも新しいことに挑戦してみるもんだよ。

そのとき、しみじみ思ったんだ。

芸人として売れて、テレビにもたくさん出て、みんなからチヤホヤされるという目標を縦穴だとしたら、そこからさらに枝葉を広げて、新しい世界に飛び込んでいくことは横穴を掘るという作業なんじゃないのかな？　って。

つまり、縦穴を基本として、そこからいろいろな横穴を掘っていくと、結果的には予想もしなかった新しい世界に辿り着いたり、新たな視点を獲得できたりするんだと思う。

漫才師としてデビューした殿が、前章で紹介したような『浅草キッド』という名曲をつくったり、小説を書いたり、映画監督になったりしたのも、お笑いという縦穴を基本にしながら、その他の横穴を掘り続けた結果だよ。

オレは芸人だから横穴を掘って得たものを笑いに変えていくことができるし、サラリーマンの場合なら、会社人間だけではない新たな自分を見つける作業にもつながっていくはず。

より多面的な世界を知っていて柔軟な考えができる人って、やっぱり魅力的じゃない！

すべてを満たさない生き方

もう時効だから話すけど、初めてタバコを吸ったのは17歳のときだった。

以来、ヘビースモーカーとしてずっとタバコを手放すことができないでいる。最近では電子タバコに変えたけど、「身体への害が軽減されたような気がする」って考えるようになったせいで、本数は以前よりも増えちゃったよ……。

でも、そんなオレでもかつて3年半ほど禁煙をしていた時期があるんだ。ハッキリ覚えているよ、33歳からの3年半。禁煙のきっかけは33歳になったことで、「33」というゾロ目を目の前にして突然思ったんだ。

「これからゾロ目を迎えるたびに、ひとつずつ好きなものをやめていこう」

それで「酒」「女」そして「タバコ」の3つのなかから迷った挙句、タバコをやめることにした。このときのプランでは、33歳でタバコをやめて、44歳で酒を断つつもりだった。結果的にどれも守れていないけどさ。

結局、3年半後にまた吸いはじめてしまうんだけど、あのときは大真面目に「好きなことは手放さなければいけない」って考えていた。

理由は簡単だよ、「全部を満たしちゃいけない」って考えたからだよ。

別に信仰心が強いわけでもないのに、「全部を満たそうなんて欲張ったら、どこかで誰かが見ている。神様が許しちゃくれないよ」って。

不思議なことなんだけど、オレは昔からずっとこの考え方で生きている。

どんなときでも、「誰かが見ているぞ」とか、「神様は必ず見ているんだ」って考えちゃうんだ。だから、逆に「なんでもかんでも手に入れてやろう!」とか、「あれも欲しい、これも欲しい!」っていう人間を見ると、「あぁ、やらかしちゃってるな」って、とっても無様に見えてくる。

そういうヤツってのは、欲望に終わりがないじゃない？　なにかを手に入れても、「あっ、これが足りない」って考えるんだ。そういう考え方ってさ、幸せじゃないよな。だって、いつまで経っても満たされた状態にはならないわけだから。

もちろん、「男ならもっと野心を持て！」という考え方もあるよ。でも、オレの性に合わない。どっちかって言うと、オレは「腹八分目でちょうどいいや」って考えるタイプなんだ。

やっぱりさ、人生はトラックの荷台のようなものなんだよ。そういう意味では欲望の過積載ほどみっともないものはないと思うぜ。そういうヤツのことをオレは、「やらかしちゃってるヤツ」って言っているんだけど、粋じゃないよな。手は2本しかないし、指は10本しかないんだ。自分で持てる数は限られているんだよ。それで十分じゃない。

オレの理想は現状維持。いや、微妙に右肩上がりの現状維持かな？

一気に大ブレイクを果たすような、急激な右肩上がりなんて怖くて仕方ない。だって、オレの処理能力も一気に上がるわけじゃないんだから、絶対に持て余しちゃうに決まっているもの。

満たされ過ぎて、胡坐《あぐら》をかいてしまうと必ずコケる。

なぜだか知らないけれど、オレはそんな気がしてならないんだ。でも、いまのオレはだいぶ満たされているよ。

ホントはさ、そろそろなにかを手放さなければいけないんだよね。でも、最近ではスナック経営をはじめたし、スナック巡りの番組をやっているから酒をやめるわけにはいかない。それに、競輪番組に出演することも多いからギャンブルもやめられない。そうなると、タバコか女のどちらかをやめるしかないのか……。

ここで結論は出ないので、もうしばらく考えてみることにしよう。いますぐ白黒つけなくてもいいんじゃない？　自分には甘いよな、オレ。

第3章　酒場で学んだ「粋」

オレの酒の原体験

物心ついたときから、酒はオレの身近にあった。

酒に関するもっとも古い記憶は、じいちゃんの股座《またぐら》に座って見ていた相撲中継と日本酒の思い出かな。初孫であるオレと一緒に大相撲を見ながら、じいちゃんは鱈《たら》ちりを肴《さかな》に美味《うま》そうに日本酒を呑《の》んでいたよね。そんなときのじいちゃんはさ、最高に幸せそうだった。

晩飯のときには、親父が美味そうにビールを呑んでいた。1日の仕事を終え、キリンラガーの大瓶を傾けていた姿は今でも鮮明に覚えているね。親父もまた本当に美味そうにゴクゴクと喉《のど》の奥に黄金色の液体を流し込んでいた。

うちは自宅で雀荘《ジャンそう》やスナックを経営していたから、お客さんが呑んだビールの空き瓶をケースに片付けるのも幼い頃のオレの役目だった。空き瓶をケースにしまって、新しいビールを冷蔵庫に入れる。幼いなりに、そんな自分の役割が誇らしかったもんだよ。

正月になると親戚《しんせき》一同が集まって、酒盛りを行っていたことも忘れられないな。

必ず、毎年親戚の誰かが「おまえもちょっと呑んでみるか？」とコップにビールを注いでくれて、それを口にして「わぁっ、苦い！」と顔をしかめるのはお約束だった。

（……どうして大人はこんな苦くて不味《まず》いものを美味《おい》しそうに呑むのかな？）

それは、子ども時代に誰もが感じる素朴な疑問だよね。

そして、最初はみんなで楽しく呑んでいたのに、気がつけば口論がはじまり、しまいには取っ組み合いの大ゲンカだよ！　原因なんて些細《ささい》なものだったんだろうね。結局、グズグズ状態で後味が悪いまま解散。幼心に思ったよ、「お酒なんて呑みたくないなぁ」ってさ。

それでも、大人たちはまた次の年には仲良く酒を呑んでいる。そして、またケンカをする。不思議だったけど、それでもとても楽しそうな雰囲気だったよね。

そんな大人たちを見るのは、決して嫌いじゃなかった。

酒を取り巻く環境は家庭のなかだけじゃなかった。

オレの生まれた新宿では、近所に酔っ払いがゴロゴロしていたからね。昼から酔っぱらって街中でくだを巻いたり、挙句の果てには道端でいい気分で寝てしまったり……。

新宿中央公園にいたホームレスのオジサンたちは、空き瓶を拾い集めてウイスキーやビールや焼酎《しょうちゅう》の残りを勝手にブレンドしたものを呑んでいた。子どもながらに「それはマズいだろ」って思っていたけど、それでもおっちゃんたちは楽しそうに呑んでいた。

そうそう、うちの近所に酒屋があったんだけどさ、そこは「角打ち」といって、店頭の一角で店の酒が呑めるようになっていたんだ。お袋から、「酒屋にお使いに行ってくれないかい？」と買い物を頼まれると、妙にドキドキしたことを覚えてる。

そこにはいつも赤い顔をしたオジサンたちばかりで、「襲われるんじゃないかな？」って本気でビビッていたからね。ここでもオジサンたちは下らない話やエロ話をしたり、お約束の口論をしていたり、とにかく騒々しい連中ばかりだった。

そんな光景が日常茶飯事だったから、オレだけでなく、クラスのみんなもそれがあたりまえの風景として認識していたんだと思う。

だけど、なにかあったらケンカばかりしている親戚のオジサンたちや、道端で寝ているオッサンたちを見ていても、不思議なことにイヤな気持ちにはならなかった。むしろ、「オジサンたち、楽しそうだなぁ」って感じたり、「オレも早く大人になってお酒を呑みたいな」って考えたりしていた。

これはオレだけの感じ方なのか、当時あの地域に住んでいた子どもたちに特有のものなのかはわからない。だけど、少なくともオレにとっては「酒」というのはとても身近なものであったことは間違いないんだ。

そんなオレが、酒呑みになるのは必然のことだったんだろうな。

殿から勧めてもらった最初のビール

それでも、高校生の頃は一滴も酒は呑んでいなかった。別に真面目だったからじゃないよ。単純に「美味しい！」と思えなかったから呑まなかっただけ。

だけどこの頃、ついに「人生を変える一杯」に出会ったんだよね。

「人生を変える」なんて、大袈裟《おおげさ》な言い方だと思った人もいるかもしれない。でも、オレにとっては本当にその後の運命が大きく変わり、今でも忘れられない一杯なんだから仕方がない。それが、殿――師匠のビートたけしから勧めてもらった一杯だった。

これまで何度も言っているように、高校生の頃のオレのお楽しみは1週間に一度聞く、ニッポン放送の『ビートたけしのオールナイトニッポン』だった。この番組の凄《すご》さは多くの人が語っているから、あらためてここで触れることはしねぇけど、その頃の多くの若者と同様に、オレも一瞬で殿の魅力の虜《とりこ》になったよ。

深夜3時のニッポン放送前には、多くのリスナーたちが出待ちをしていることは知っていた。けれども、オレはニッポン放送に行くことはしないで、放送に何度も登場する東京・四谷《よつや》の『羅生門《らしょうもん》』という焼肉屋で、友だちと一緒に殿がくるのを待ち構えていたんだ。新宿育ちのオレにとって、四谷なんていうのは目と鼻の先だったからね。

『羅生門』の前で緊張して待っていると、いつも殿は颯爽《さっそう》と現れた。その姿を見ているだけで、オレは幸せだったね。別に一緒に話をしたいとか弟子入りを直訴したいとか、明確な目的があったわけじゃない。ただ、その姿を肉眼で確認できるだけでいい。ただそれだけでいい。そんな感じだった。

今でもオレが「たけし原理主義」なのは、あの当時からまったく変わっていないし、三つ子の魂百までじゃないけど、これからも変わることはないだろう。

そして、何度か『羅生門』に通っているうちに、殿もオレたちのことを覚えてくれたようだった。あるとき、「あんちゃん、店のなかに入って生ビールでも呑んでけよ」って声をかけてくれたんだ。

あれはうれしかったな。でも、さっきも言ったようにこっちはただ姿を見ているだけで大満足なんだから、一緒に食事をするとか、ビールを呑むとか、そんなことはちっとも望んじゃいなかった。だから、せっかくの誘いだったけど、「いえ、僕たちはここで待っているだけでいいんです」とお断りをしたんだ。

そんなことが2、3回ほど続いたかな。あるとき、殿が店のなかに入ってしばらくしたら、店内からたけし軍団のラッシャー板前《いたまえ》さんが出てきたんだ。

ラッシャーさんはオレの前にやってきてこう言ったよ。

「殿が呼んでいます。ぜひ、店内に入って下さい」

でも、オレは断った。せっかくの話だったけど、店内で殿と一緒に焼肉を食べるなんてことは想像できなかったし、そもそもなにを話したらいいのかもわからない。

すると、ラッシャーさんはとても困った表情になった。

「そんなこと言わないで……。キミたちが入ってくれないと僕たちが叱られるんだから」

そして、ラッシャーさんが深々と頭を下げるんだ。ここまで言われたら、さすがに断るわけにはいかないよな。オレは緊張を隠せないまま、店内に入る覚悟を決めたよ。

憧《あこが》れのたけしさんが目の前にいる。それはもう、夢見心地の気分だったね。

そして、殿はオレたちにこう言うんだ。

「あんちゃんたちも生ビール呑んでけよ」って。

そして、口にした生ビール。味はやっぱり……苦かった。正直、美味しいとは思えなかった。だけど、目の前にはあのビートたけしがいるんだよ、あのたけしがだよ！　それで「呑めよ」って言われたら、そりゃ呑むよな。味は苦かった。だけど、人生の体験としては最高に甘い瞬間だった。世界一、幸せな空間だった。

この瞬間こそ、酒との本格的な付き合いがはじまり、大人の世界に足を踏み入れた最初のときだったんだろうね。まだ、未成年だったけどさ。


振り返れば、何度か誘われたのに「いえ、いいです」と断ったことがよかったのかもしれないね。誘われたからといって、すぐにホイホイと「はい、よろこんで！」と言わずに、本当はうれしくて仕方ないのに奥ゆかしく「いえ、いいです」と断ったこと。それは我ながら偉いと思うし、よくぞ我慢した。偉いよ、オレ！

あの頃の自分がすげぇ好きだね、すげぇ褒めてあげたいね。

あそこでズケズケと入っていくような人間にはなりたくないと思っていたし、そういうことは恥ずかしいことだと思っていた。どうして、子どものくせにそんな判断をしたのかはわからない。もしかしたら、親の教育だったのかもしれないし、本能的に「今は行ってはダメだ」と感じたのかもしれない。でも、行かなくて正解だったよ。

その考えは今でも変わっていないね。

やっぱりさ、そういうカッコ悪いことはしたらダメなんだと思うんだよ。「武士は食わねど高楊枝《たかようじ》」じゃないけど、やせ我慢のカッコよさっていうのかな。そんなものは確かにあると思うな。

急性アルコール中毒とボヤ騒ぎで命の危機に

たけし軍団の見習いとして正式に修業がはじまってからは、本当に地獄の日々だった。浅草の『フランス座』で、のちの水道橋博士と一緒に朝から晩まで働きづめの日々。「いつか本物の芸人になりたい」って夢は持っていたけど、実際にそのためになにか努力をしていたかといえば、実際のところはなにもしていなかった。そんな余裕などなにもなかったんだ。

劇場勤務が朝9時から、夜の9時まで。その後は劇場の社長が経営していた『スナック・フランス座』でボーイの仕事だもん。酔っ払い相手にお酒をつくったりしていたよね。今から思えば、この頃からスナックとは縁があったんだね。

当時もまだ、自分から進んで酒を呑むことはしなかったな。350ミリリットルの缶ビールを2本も呑んだら、寝ゲロしちゃうぐらいだったから。

それでも、毎晩毎晩、酔客の相手をしていたら呑む機会も当然増えてくる。この頃からお調子者だったから、お客さんに呼ばれて「おまえも呑め！」って言われたら、調子よくホイホイと呑んだりしていた。そうしたら、少しずつ酒量も増えていった。あの時代の主流はサントリーリザーブかスーパーニッカだったかな？　そればかり呑まされていたよ。

お客さんのボトルが空けば、新しいボトルを入れてもらえる。店の売り上げに貢献するために「おまえらもどんどん呑め！」って社長から命じられていたから、よく味もわかっていないのに必死で呑んだよ。

朝から晩まで働いて、月給はたったの3万円。お客さんのなかには、オレたちが貧乏だっていうことを知っている人もいて、「くじけずに頑張れよ！」ってチップをくれるんだけど、『フランス座』の社長はそのチップまで巻き上げていたからね！　今から思えば、とんでもないブラック企業だよな。笑うしかないよ、本当に。

そんな生活を送っているうちに、自分でも「意外と呑める体質なんだな」って、少しずつでも理解できるようになっていったんだよね。


『フランス座』での修業時代、死にそうな目に遭ったこともあった。

スナックでさんざん飲まされたオレは急性アルコール中毒になって、店でぶっ倒れてしまった。それでそのまま楽屋に運ばれて、ひとりでウンウン唸《うな》っていた。

ちょうど季節は冬の寒い時期だった。楽屋にあるストーブをマックスにしてひとりで震えていたら、そのまま眠ってしまったんだよね。

で、とんでもなく酔っ払っていたから、自分でも気づかないうちに電気ストーブを倒してしまったらしい。現在のような最新のストーブじゃないから、転倒消火機能なんてついちゃいない。そのまま毛布に引火してちょっとしたボヤ騒ぎだよ！

オレの頭のあたりまで火が迫っていたときに、運よく目が覚めて難を逃れたけれど、一歩間違っていたら間違いなくお陀仏《だぶつ》だったね。

自分の金で呑む酒とタニマチと呑む酒

ようやく、「ビールって美味いな」と思いはじめたのも『フランス座』にいた頃だった。当時の社長が、たまに仕事終わりに近所のサウナに連れていってくれたんだけど、サウナ上がりに呑んだビールはたまらなく美味かったな。自分でも実感できるくらいに身体にアルコールが沁《し》み込んでいくのが、本当に気持ちよかったよね。

そして、酒とともにつまみ、いわゆる「肴」の美味さを覚えたのもこのサウナ。ビールと一緒に出てくる柿の種は本当に美味かった。やがて、街の中華屋でビールを頼むようになり、つまみとして出されるメンマやチャーシューの味を理解できるようになって、本格的に酒呑みとしての人生がはじまったんだ。

酒の美味さ、楽しさを覚えてくると、今度は自分じゃ呑めない高い酒や高級な店に対する憧れも芽生えてくる。『スナック・フランス座』で知り合ったお客さんにいろいろな店に連れていってもらう楽しさを覚えたりしたよね。

でもね、この頃からすでに「自分の金で呑む酒」と「タニマチに奢《おご》ってもらう酒」のちがいには、若いなりに気づいていたと思う。

あるとき、こんなことがあったんだ。

スナックの常連さんに連れられて、２軒目、３軒目とハシゴをしていると、そのオッサンが常に威張り散らしているのが鼻についたんだよね。次の店に入るたびに、そのオッサンがマスターに言うんだ。

「こいつら、あのビートたけしの弟子だよ。まだまだ全然売れてないから、オレが今、飯を食わせてやって面倒を見ているんだよ」

いいカッコしたい気持ちはわかるし、こちらもタダ酒を呑ませてもらっている身だから、オッサンに対してなにも反論はしないよ。でも、正直言えばこんなときの酒はちっとも美味くない。

当時はバブルの真《ま》っ只中《ただなか》だったから、そりゃあもう羽振りのいい人もたくさんいたんだよ。「ＮＴＴ株がどうした」とか、「リクルート株がなんたら」とか、景気のいいことばかりを吹聴《ふいちょう》しているヤツが本当に多い時代だった。

で、そういう連中は決まって威張っていた。財布の厚みが人間の価値であるかのように、人のことを常に上から目線で見下していた。こんな経験があるから、オレは「地べたからの視線」を大切にするようになったんだと思うんだ。

確かに、自分の力じゃ行けないような店に連れていってもらったり、目ん玉が飛び出るような高級な酒を呑ませてもらったりはしたけど、ちっとも楽しくなかった。

一度、彼らと密接な付き合いをしてしまうと、呼び出しを受ければなにがあっても駆けつけなければいけなかったし、自分の時間まで奪われているような気持ちになったもんだよね。

若いうちは応援してくれる人はいてもいいし、必要な存在かもしれないよ。でも、だからといって、ズブズブの関係になっては本末転倒だよな。オレたちは酒を呑むために生きているんじゃなくて、一流の芸人になるために頑張っているのに、笑いのことを考えたり、漫才をする時間まで奪われたりしたんじゃ、なんの意味もないんだよ。

人間だから、もちろん上下関係はあってもいい。でも、常に奢られるだけの関係じゃなくて、ときにはこちらからお礼をできるような、適度な距離感のいい関係を構築することが大切なんじゃないかな。

やっぱり、オレは自分の金で気兼ねなく呑むほうが性に合っている。自分の金で美味い酒を呑む、そのために仕事を頑張る。それが、原動力にもなっているからね。

オレの知っている芸人のなかには、「なんとしてでも太いスポンサーを見つけたい」と息巻いているヤツもいるけど、それは絶対に間違っているとオレは思う。「おまえの目指すべき道は、それじゃないだろう」って。

粋かどうかは財布を出すタイミングでわかる

会社の仲間同士の呑み会でもいいし、友だち同士の集まりでもいい。

誰がどんなタイミングで財布を出すかというのは、粋かどうかを見極める重要なリトマス試験紙かもしれない。

気兼ねのない集まりでみんなが平等に割り勘で払うケースもあるだろうし、年長者や主催者が全額負担をしたり、あるいは少し多めに払ったりするケースもあるだろう。

自分が支払う立場なのか、あるいは奢られる立場なのかで、振る舞いも変わってくる。

でも、たとえどんな趣旨の、どんな集まりであったとしても、楽しく飲み食いしたのならば、気持ちよく「金を払う」、つまり「財布を出す」という仕草は見せるべきだとオレは思うんだ。

しかも、できるだけ早くね。イメージとしては西部劇の早撃ち対決みたいな感じかな？　相手より少しでも先に財布を出す。ここでグズグズしているヤツはよくないね。なるべく払いたくないからグズグズしているのか？　それとも、そういう雰囲気に気づかずにいるのか？　いずれにしてもダメだよ、それじゃ。

みんなもそうかもしれないけど、そういうヤツとはもう二度と一緒に呑みに行かなくなるよね。

自分の話になって恥ずかしいけど、若い頃にダンカンさんと一緒に呑んだときの話をさせてもらうよ。

まだ駆け出しだった時代は、本当にいつもダンカンさんに酒を奢ってもらっていた。一緒に酒を呑んでいて、お会計のときになるとダンカンさんはいつも自分の財布をオレに預けて、「会計しておいて」と言って、帰り支度をはじめている。その姿を見て、「カッコいいなぁ」と思うと同時に、「いつか、きちんとお礼をしなくちゃいけない」という思いが芽生えてきた。

だから、この頃のオレのひそかな目標は「いつかダンカンさんに奢ること」だった。でも、なかなかその機会がなかったんだけど、何年か経って、ようやく浅草キッドとしての仕事が増えはじめた頃にそのチャンスが訪れた。

いつものようにダンカンさんの財布を預かったオレは、中身には手をつけずに自分の財布から会計を済ませたんだ。それで領収書をもらって、それをダンカンさんの財布のなかにきちんとしまったんだよね。

オレとしては、ようやく長年のお礼ができたようで気分がよかった。

そして、その日の帰りにコンビニに寄ったときに財布の中身が減っていないことに、ダンカンさんが気づいた。

「あれ？　おまえ、もしかしてさっきの店の会計を済ませなかったのか？」

そこで、初めて正直に告白したんだ。

「出過ぎたマネかもしれないですけど……自分で払わせてもらいました」

そのときのダンカンさんのうれしそうな顔ったらなかったよね！　今でも、ハッキリと覚えているもの。もともとその日は最初から「オレが払おう」と決めていたこともあったし、想像以上にダンカンさんがよろこんでくれたこともあって、あの日の酒は忘れられないな。本当に美味しかったからね。

ちょっぴり自慢話っぽくなっちゃったけどさ、オレが言いたいのは自分のお金でお世話になった人にごちそうする酒はまた格別だということ。

そして、あのときもしも「オレが払います」と宣言していたら、きっと、「そんなことはするな。オレが払うからいいんだ」となって、結局オレが払うことはできなかったよね。だから、どのタイミングで財布を出すかっていうのは、大人の酒呑みとしてのとても重要なマナーのひとつなんだということだけは間違ってないと思う。

財布の出し方ひとつで、粋かそうじゃないかは如実に表れるものなんだよね。

店の手札は何軒か持て!

酒を覚えはじめた頃は、自宅で缶ビールを買って呑んだり、近所の中華屋で瓶ビールを頼んだりすることが日常だった。

でも、少しずつ「外の世界を見てみたい」という、酒吞みならではの好奇心が芽生えてくると、飛び込みで初めての店に入ってみるようになる。そして、その雰囲気に酔うなんていう新たな楽しみを覚える。こうなると、酒吞みとしての次のステップに突入だ。

酒吞みの上級者になると、今度はその日の気分や、あるいは一緒に吞むメンツによって、行く店を変えるようになってくるものだよね。

「今日はひとりでじっくり吞みたいから、○○○に行くかな？」

そんな日もあれば、また別のときにはこんなときもあると思う。

「今日はみんなで賑《にぎ》やかに吞みたいから×××を予約しておくか！」

知らぬ者同士が肩寄せ合いながらワイワイ吞む大衆居酒屋の良さもあれば、静かに杯を傾けながらしみじみと語り合う個室居酒屋の良さだってある。

要はそのときの気分や状況、あるいは目的に応じて、行く店をチョイスできるようになれば、それはかなりの上級者だと言えるよね。

店の手札として何軒も持っていると、今度は逆に誰かに店に連れていってもらうときに、その相手がどんな目的を持って自分を誘ってくれたのか、相手の気持ちを忖度《そんたく》することもできるようになる。

静かで落ち着いた店に案内されたなら、「あぁ、今日はしみじみと語り合いたい気分なんだな」って、相手の気持ちを斟酌《しんしゃく》してやることもできるだろうし、明るく賑やかな感じの店ならば、「今日はパーッと陽気に呑みたいんだな」って、気持ちを察してあげることもできるはず。

入った店の様子を瞬時に感じることによって、最初からお互いの意思の疎通ができていれば、その日の酒は間違いなく美味くなる。

最近の若者は、仕事終わりに上司から呑みの席に誘われることが大きなストレスだというよね。確かに、酒場でのコミュニケーションを第一とする、いわゆる「ノミニケーション」というのは、平成も終わろうという時代にはそぐわないものなのかもしれない。けれども、オレも含めたオッサン世代のなかには、酒を呑まないと腹を割って話せなかったり、素直な思いを表現できなかったりする人間も一定の割合で存在するのも事実なんだ。

だから、もしも上司から「ちょっといい店があるんだけど、行かないか?」と誘われたとしたら、騙《だま》されたと思って一度はついていってあげてほしい。

その上司が、どんな店に連れていってくれるのかはわからない。けれども、間違いなく、そこには「会社とはちがうオレの別の一面を見せたい」という思いで、自慢の店を案内してくれるはずだから。

逆に、オレと同世代のオジサンたちには、もっと積極的に若者たちを自分のテリトリーに誘ってみてほしいんだ。断られたり、すかされたりすることもあるだろうけど、酒呑みカルチャーを後世に伝えることもオレたちの役割だと思うからさ。


またまたダンカンさんの話になって恐縮だけど、兄さんの新婚時代に奥さんも交えて、オレたちはしばしば一緒に呑んでいた。そのときには、後輩たちの前では決して見せないようなだらしない姿をダンカンさんは見せてくれたものだよ。

「もう……ちょっとしっかりしなさいよ！」

なんて、奥さんに怒られる姿を何度も見たけど、あれは普段のピリピリした姿とはまたちがった一面を後輩たちに見せたかったはずなんだ。奥さんの前でのダンカンさんは、それまでに見たことのない姿だったからね。そんな先輩の姿を見るのも、なかなか悪くなかったし、オレはとても幸せな気分になったものだよね。

その奥さんが14年に亡くなったとき、ダンカンさんが号泣していたけれど、一緒に呑んだときのことを思い出してオレも心から悲しくなった。

酒場には、上司や部下、知人、友人の意外な素顔や新たな一面を引き出してくれる、そんな役割もあるんだ。だからこそ、手札は多く持って、TPOに応じて、カードを切ることが大切になってくるんだよね。

酒も呑まずにセックスなんかできるか！

オレが初めてソープランドに行ったのは高校時代のことだった。

親父のスーツを拝借して、精一杯大人ぶって、年齢を誤魔化してコトに及んだものだった。このとき、ソープのお姐《ねえ》さんに聞かれたんだよね。

「なにか飲みますか？」って。

こっちは未成年だと悟られちゃいけないから、「じゃあ、ビールで」なんて言って、吸えもしないタバコを吹かしながら、無理して苦いビールを呑んだものだよ。

以来、セックスのときにはビールを欠かしたことはない。

大体、シラフでセックスするヤツの気が知れないよ、オレは！「この恥知らず。ドスケベが！」って言いたくなっちゃうよね。

大体、シラフで女のあそこをペロペロなめたり、オッパイを揉《も》んだり、自分のイチモツをなめさせたり……そんな恥ずかしいことはできないよね。セックスなんてものは酒を呑んで酔っ払っているからできることなんだと思うよ。

要はさ、これは照れ隠しだよ。

酒でも呑まないと恥ずかしくてできないことは世の中にいっぱいあるから。お世話になった人に感謝の気持ちを伝えることもそう。愛する人に自分の思いを伝えることもそう。愛する女とセックスすることだってそうだよ。

酒というのは本当に〝万能薬〟だよ。本当に頼りになるよな。

もちろん、酒の力を借りずに勇気を出して行動できる立派な人だっているよ。でも、オレみたいな小心者は酒の力を借りることで、なんとか勇気を振り絞っているんだ。

世の中の人間、全員が強い人間ばかりじゃない。少々、酒の力を借りたっていいじゃない。そして、そんな人を温かく見守ってあげてもいいじゃない。日本中にそんな優しさがもう少し広まると、この世の中はぐっとすごしやすい世界になると思うんだけどね。

だから、これからもオレはセックスするときには酒を呑むよ。腹を割って話したいことがあるときには酒を呑むよ。自分の本心を誰かに伝えたいときには酒を呑むよ。

オレは弱い人間だから、これからも酒の力を借りるよ。でも、自分で自分の弱さを認められるってことは、本当はもしかしたら強い人間なのかもしれないけどな。

……なんて、開き直っちゃうけどな、オレは。

要は、酒飲みの自己弁護なのかもしれないけどね。

酒場というのは自己確認の場

若い頃から、いろいろな酒場に顔を出すようになって最近気づいたのは、「酒場というのは自己確認の場なんだな」ということ。

たとえば、たまに高級クラブみたいなところで呑んだりしても、普段から行きつけていないから、せっかく高い酒を呑んでいても妙に落ち着かないんだよ、これが。

でも、新宿や中野《なかの》なんかにある普段から通い慣れている大衆居酒屋に行くと、心底、安らげるんだよね。「オレは今、こういう位置にいるんだ」という、現状の自分の立ち位置を確認できるのが「酒場」という場なんだろうな。

自分の現状を理解できない男は無粋だと思うよ。よく、子どもの運動会で張り切り過ぎて転んじゃうお父さんがいるじゃない？　あれって、身体はオッサンになっているのに、頭のなかは若いときの感覚が抜けていないから、頭と身体のバランスが取れていないっていうことだよな。

つまり、自分の現状を理解できていないから、そんな事態になるんだ。その点、酒場というのは、自分の立ち位置を如実に教えてくれるよ。どんな店で、どんな人と呑んでいるのか。それは、すなわち自分自身の現状なんだよね。

最近よく思うのは「酒場というのは大きなザルのようなもの」ということ。

たとえば、学生時代はチェーン店系の大きな居酒屋でみんなでワイワイ賑やかに呑むのが楽しかったりするじゃない。で、みんなで「一気、一気！」と声を合わせて、とにかく酔うことだけが楽しい時期がある。その結果、寝たり、吐いたり、ケンカしたり、最悪の場合には急性アルコール中毒で運ばれたり……。

これはまだ、子どもの呑み方だよね。でも、「酒場という大きなザル」は、最初は誰でも受け入れてくれるけど、やがてだんだんと目が細かくなっていって、客を選別しはじめるんだと思うんだ。

そうして、いろいろな酒場で揉まれているうちに、また次のお店に移っていき、やがては個人経営の小料理屋でしっぽりと呑むようになったり、あるいは超高級バーで一流のジェントルマンのように静かに呑むようになったり、人それぞれの個性が生まれてくるようになる。

だってさ、小料理屋や一流のバーで一気をするようなバカは絶対にいないだろ？　やっぱり、その店に合った客が自然に集まるものなんだよ。そうした客が集まることで、店の個性やカラーが生まれてくる。逆を言えば、店の個性をつくり出すのは、呑み手であるオレたち自身でもあるんだよね。

こうして、少しずついろいろな店に通うようになってくると、酒場の楽しみは一気に倍増していく。店の手札がどんどん増えていき、その日の気分に応じて、あるいはメンツによって、そして呑む目的に応じて、適切なお店をチョイスできるようになっていくんだと思うんだ。

今、自分はどんな店で、どのように呑んでいるのか？

一度、改めて振り返ってみるのもいいと思うよ。今、自分が呑んでいる店。そこが、現状の自分の立ち位置であり、自分の人間性の象徴なんだから。

第4章　名もなき粋人たち

「オレはお笑いのエリートなんだ」と思えるように

うちの実家はもともと、雀荘《ジャンそう》を経営していた。でも、なにを思ったのかオレが中学生のときに突然親父が「雀荘はもうやめだ。これからはホモスナックをやる！」と決断することになる。今だったら「ゲイバー」だけど、当時はそんな言葉もなくて、「ホモスナック」って呼んでた時代だよな。

こっちはぼちぼちチンコの毛も生えそろっていた頃だから、もう本当にイヤで、イヤで仕方がなかったよ。開店当初こそ麻雀《マージャン》ブームで雀荘も儲《もう》かっていたようなんだけど、インベーダーゲームが登場すると、麻雀よりもテーブルゲームの時代になっちゃった。それで、雀荘に見切りをつけてスナックをはじめることにしたらしい。

スナックをやるのはもちろん構わないよ。でも、どうしていきなり「ホモスナック」なんだよ。うちの親父は、いわゆるノンケ。ストレートってヤツだね。で、うちのお袋もストレートだった。なのに、「他のスナックと差別化するにはゲイに特化するのがいいだろう」と考えたんだろうね。今から思えばお互いにストレート同士だったから、怖いもの知らずで迷いなく吹っ切れたのかもしれない。

開店当初こそ、お袋はずっと厨房《ちゅうぼう》にいて、接客をすることはなかったようなんだけど、次第に親父だけじゃなくて、お袋もお客さん相手にしゃべるようになっていったんだって。陽気で明るい人だから、お客さん相手に「このブス！」とか、好き勝手に言っていると、それが好評で店も繁盛していった。

ホモスナックを夫婦で営んでいるケースって、当時もいまも少なかったから、それだけで口コミで話題になっていったらしい。


でも、正直なことを言えばさ、オレは凄《すご》く複雑な気分だった。当時は思春期真っ盛りだったから、「気持ち悪い」っていう感覚のほうが勝っていたんだよね。いまなんてさ、好んで一緒になって飲んで楽しめるのに、当時のオレの年齢も時代性もあったのだと思う。その現実が、なかなか受け入れられなかった。

だから、友だちにもずっと隠していた。雀荘の頃はむしろ、友だちを店に案内してジュースをごちそうしてあげたり、親父からお小遣いをもらってみんなにお菓子を買ってあげたりと自慢気に振る舞っていた。けれど、ホモスナック開店後には「最近スナックをはじめたんだよね」と話すぐらいにしていたんだよ。

やっぱり、「もしもみんなに知られたら、白い目で見られるだろうな」って恐怖心があったからさ。10代の頃って、そういうことに敏感なものだから。

だから、中学、高校時代は親父との関係も最悪なものだったな。

うちの店は、女装したわかりやすい人たちが集まるような店じゃなくて、ほとんどがスーツを着た普通のサラリーマンばかりだった。

のちにお袋から聞いたんだけど、うちの店に来ていた人たちはほとんどが戦争時代に上官から仕込まれて男色に目覚めたそう。戦争という極限状態のなかで上官から無理やり犯されてしまったんだ。まだ女性経験もない若い少年兵たちは、女性を知る前にまず男性を知ってしまったというわけさ。

そして戦争が終わって、平和な日本が訪れた。自分の性的嗜好《しこう》は隠したまま、普通に結婚して、幸せな家庭を築いた。でも、一度覚えてしまった性の目覚めはそう簡単には変えられない。自分の本性に悩み苦しみながら、誰にも言えずに暮らしていたそうなんだ。

いまみたいに、テレビを点《つ》ければおネエタレントが何人も出てくるようなオープンな時代じゃなかったから、それは辛《つら》い悩みだったと推測できる。

だからこそ、同じ趣味を持つ仲間だけでひっそりと集まることのできるうちのような店は繁盛した。でも、当時はそんな事情なんかなにも知らないから、オレはただただ「恥ずかしい」と感じていたんだよね。

こうした「恥ずかしい」って思いが、やがて「いやいや、これは人にはできない珍しい体験だぞ」と発想を転換できるようになったのは、殿の下に弟子入りを志願して、芸人の道を歩きはじめた頃かな。水道橋博士にこの話をしたら、もの凄くゲラゲラ笑ってくれたんだ。博士のリアクションがよくて、そして「その話をネタにしようよ」っていうことになった。

だから、「たまたまオレが店に顔を出したら、ネグリジェ姿の親父に、『男の職場に来るんじゃない！』って怒られた」なんて、本当は女装をしていないのに話を盛っちゃったりしてさ。で、このネタがすごくウケたんだな。それで気が楽になったし、あらためて「芸人っていい仕事だな」って感じることができた。

最初の頃は「うちは水商売だから……」って、自分のことを卑下する思いも正直なところあったよ。完全な被害妄想かもしれねぇんだけどもさ。でも、いまでは「オレはお笑いのエリートなんだ」って胸を張れるようになった。

そのきっかけをくれたのは、なにを隠そう高田文夫先生だよ。

高田先生はオレのことを「新宿という大都会の下町で育って、親父がホモスナックを経営していて、しかもこんなバカで……。オマエはお笑いのエリートだ！」って言ってくれた。それからは、「おまえはバカだね～」って言われることが快感になったし、「バカ野郎」って言葉を、頭のなかで最高の誉め言葉に変換できるようになった。

あの当時は、イヤで仕方がなかったホモスナックだけど、いまとなってはそれも芸人としてのオレの肥やしになっているのも事実なんだ。

そして、あの店に来ていた人たちからもオレはたくさんのことを学んだような気がする。日頃、本性を隠して暮らしていた人たちが酒の席で自分を解放できる場所だったからこそ、いろいろなことが見えたんだろう。

と言っても、当時のオレはこの店に立ち入ることを意識的に避けていたから、決して自分の目で見たわけじゃないけど、後になって親父やお袋から店の思い出を聞いているときに、「あぁ、いろいろな常連さんに支えられていたんだなぁ」って感じ入ったものだよ。

そして、そこには「粋」というもののヒントが隠されているような気もするよ。そんなわけで、この章ではオレが酒場で見てきたオジサンたちの姿を紹介したいと思う。まったく有名人ではないけど、彼らからもオレはたくさんのことを教わったからね。

いわば、「名もなきヒーロー」たちの思い出を綴《つづ》ってみることにしようか。

ホモスナックの常連、マーさん

うちの両親が経営していたホモスナックに「マーさん」と呼ばれる常連さんがいた。マーさんは毎日のように店に顔を出していたんだって。店では酒の入ったお客さんたちがみんなでワーワー騒ぎながら、みんなでおネエ言葉をしゃべっていたそう。日頃、人前で「本当の自分」を表現することができなかったからこそ、店のなかでは心から自由に振舞っていたんだろうね。

でも、このマーさんだけは決して出しゃばろうとせずに、いつも端っこに座ってひとりで静かにビールを呑《の》んでいたという。そして、ビールを3本だけ呑むと、きれいに会計をしてスッと去っていく。

と言っても、「オレは静かに呑みたいんだ。あんまり騒ぐな」的なオーラを出しているわけじゃなくて、みんなが楽しそうにしているのをいつもニコニコと見守っている。うちの親父やお袋とも、ほとんど会話をすることはなかった。

それでも、マーさんにとっては居心地のいい店だったんだろうね。毎日のように店に来ては静かに呑んで、静かに帰っていく。店の空気や他の客のムードを壊すことなく、それでいて自分流の楽しみ方を持っていたんだろうね。

そういう呑み方も、やっぱり粋だよ。自分が酒を呑むようになって、そして最近ではスナックを経営するようになって、ますますそういうお客さんのカッコよさがオレにも理解できるようになった。


両親が経営していたホモスナックの最後の営業日のこと。

やっぱり、この日もマーさんは店に顔を出してくれたんだって。そして、本当に最後の最後の瞬間まで、マーさんは店に残ってくれたそうだよ。それまでは自分のペースで呑んで、時間が来るとさっと帰っていったのに、この日だけは閉店直前まで店に残ってくれた。

そして、お会計を済ませるときに、普段は自分から口を開くことなどほとんどないのに、この日だけはちがったんだって。

「いいお店でした。楽しい時間をこれまでありがとう」

この話をお袋は何度もオレに話してくれた。お袋は、「最後の最後にいい思い出ができた」ってうれしそうに話すんだ。

マーさんにとって、うちの両親の店は本当に居心地がいい空間だったんだ。そして、そんな常連さんたちに支えられていたから、店を切り盛りすることができたんだし、オレたち家族も生活することができたということ。

いいお客さんに支えられ、あの店がそんな人たちの憩いだったということがわかって、むかしはあれだけ恥ずかしかったホモスナックのことが、心から誇りに思えるようになった。


マーさんがどんな人なのか、オレはなにも知らない。店で会ったのも数えるほどしかない。それでも、たまに会ったときにはオレに小遣いをくれるような人だった。ひょっとしたら、マーさんはノンケだったのかもしれない。事実はオレにはわからない。

それこそ、ゲイの人たちがみんなでワイワイ騒いでいるのを見るのが好きな人だったのかもしれないしさ。自己主張をするタイプじゃなかったから、どんな人だったのかは今となってはオレにはわからないよ。

けれども、オレはマーさんのような生き方は決して嫌いじゃない。嫌いどころか、最高の男だよね。

主役にも脇役にもそれぞれの生き方がある

マーさんのことで思い出したんだけど、酒場っていうのはひとつのステージのようなものなんじゃないかな。

そこにいるだけで、その場がパーッと明るくなり、常にその場の中心となるような「主役」が賑《にぎ》やかに呑んでいる一方で、マーさんのように自分の主義や信念を声高に主張することはなく、「脇役」として静かに座っている人もいる。

言ってみれば、名バイプレイヤーのようなものかな。派手でもないし、目立つこともないけど、そこにいてくれないと困る存在だよね。

店によって客層もちがうし、呑み方だって変わる。ステージが変われば演目も変わるんだよ。それに、同じ店でも昨日と今日とでは客もちがうわけだから、主役だって当然変わる。そうなれば、自分自身の立ち位置だって変わってくるかもしれない。

ということは、変幻自在に役割を演じ分ける必要も出てくる。「店の手札は何軒も持て」ってオレは考えているけど、店を使い分ける必要もあれば、自分自身の立場や役割も使い分けることができるようになってくると、また一段上のステージに上がれると思う。

酒呑みとしてのステージなんて、ロクなもんじゃないかもしれないけどさ！

オレは芸人だから、酒場で呑んでいるときでも、「なにか面白いことやれ！」って、無茶ブリされることもあるよ。そういうときは意地になって全力で笑わせてやろうとする。でも、他のお客さんの迷惑になりそうな場合は、「いや、今日は勘弁してください」ってなにもせずに断ることもある。

その場で「主役」に躍り出たほうがいいのか、それとも、ここはあえて「脇役」に徹するべきなのかを、自分なりに判断しているんだ。

人前に出て、お客さんからの注目を浴びる仕事をしているオレだけど、マーさんのように決して目立たなくとも、その場にいなくては困る存在のありがたさもよく知っているつもり。そもそも、芸能界においてオレたち浅草キッドは「主役」ではなく、むしろ「脇役」だもん。マーさん的スタンスだもん。

でも、オレたちにしかできない笑いを求めてくれるファンの人がいるのは紛れもない事実なんだ。オレたちのことを評価して、待っていてくれる人の前では堂々と主役として自分たちの笑いを披露するよ。

だけど、そうでない場合には、主役を引き立てるためにあえて脇役に徹するように意識している。バラエティ番組というのは、ある意味チームワークで成り立ってできているものだから、全員が主役になることはできないし、そんな意識を持っていたら絶対に面白い番組にはならない。こんなときこそ、脇役が重要なんだよ。まさに、マーさんのように。

自分の役割をきちんと認識して、周囲から求められるように振る舞うこと。それも大切で、とても粋なことだよね。

酒場でひとりで呑んでいる人を見ると、オレはマーさんのことをいまでも思い出す。あ あいうカッコいい男に、オレも早くなりたいな。

新宿二丁目で号泣したあの夜

もう少しだけ、ホモスナックの思い出を話させてもらおうかな。

うちの両親がやっていた店は『ふじの』という名前だったんだけど、店をたたんでしばらくしてから、思わぬところで『ふじの』の思い出を聞くことになった。

親父も亡くなってしばらくした頃、たまたま新宿二丁目で呑む機会があった。新宿二丁目って言えば、世界に名だたるゲイタウン。そこは初めて入った店だったんだけど、マスターがオレの顔を見た瞬間に言うんだ。

「じつはわたし、若い頃に『ふじの』によく行ってたのよ」って。

思わぬところで店の名前を聞いて、とっても驚いたよね。それからはマスターがいろいろなことを教えてくれた。

こういうゲイバーというのは、大抵は「ママ」と呼ばれるオジサンがひとりで経営しているものなのに、うちの場合は夫婦で店に出ていたからそれはむかしもいまも非常に珍しいケースなんだって。しかも、どちらもゲイではないストレートだったから、余計にレアだった。

お客の間では、夫婦のやり取りがとっても居心地がよかったらしいんだ。マーさんもそうだけど、こういう常連さんたちに支えられて店は成り立っていたんだな。

このとき、あらためて気づいたんだよ。親父は、オレや姉を高校に行かせるために、ホモスナックを経営しながら必死に家族を支えてくれたんだなって。バカだよな……何年も後にそんなあたりまえのことに気づくなんてさ……。その夜は人目もはばからず号泣したよ。

親父にひと言、「どうもありがとう」って言いたかった。でも、もう親父はとっくにお墓のなかだもんな。「孝行したいときに親はなし」っていうのは本当のことだよ。

オレはいま、個人的にも、仕事としても全国のスナックを回って呑み歩いているけど、それはある意味では罪滅ぼしのようなものでもあり、恩返しの感覚でもある。

あのとき、親父に言えなかった「ありがとう」の思いを、現役のママさんやマスターに伝えたいという思いが根底にある。たまに、ママの娘や息子に会うこともあるんだけど、そんなときに、「ぶっちゃけさ、親の職業が恥ずかしかったことはある?」って聞くと、大抵「恥ずかしい」とか、「友だちに隠していた」って答えが返ってくる。「後ろめたくなかった？」って聞けば、「後ろめたかったです」って言う。

その気持ち、よくわかるよ。だって、かつてのオレがまさにそうだったから。

でも、そのおかげで自分たちが生活できている事実は忘れちゃいけない。当時のオレはそんなシンプルな事実に気づかなかった。いや、薄々気づいていたのに、現実から目を逸《そ》らしていたのかもしれない。

オレみたいな後悔をしてほしくない。だから、余計なお世話だと思いつつ「両親への感謝を忘れちゃいけないよ」って言っているんだ。

それは、罪滅ぼしのようなものかもしれないし、スナックに対する恩返しなのかもしれない。いずれにしても、オレは親父とお袋がホモスナックで一生懸命働いてくれたおかげで、無事に大人になることができた。

それは絶対に忘れちゃいけねぇことだと思うんだよね。そういう意味でも、新宿二丁目で号泣したあの夜のことは、オレにとって一生忘れられないことなんだ。

ホームレスの村田さんとの仁義なき戦い

オレが育ったのは花の大都会、東京・西新宿だよ。

いまでこそ高層オフィスビルが立ち並ぶビジネス街になっているけれど、つい40年ほど前まではまだまだ猥雑《わいざつ》で騒がしい街並みだった。

呑み屋が出した残飯だらけの生ゴミ袋をカラスがつついてなかのものが散乱していたっけ。それはそれは、酷《ひど》い生ゴミ臭だった。もちろん、道端には誰かが吐いたゲロが生々しく残っていたし、電信柱の付近からは立ちションベンの臭いもした。

高層ビル群にある新宿野村ビルも、オレたちにとっては格好の遊び場だったよ。業務用のエレベーターの降車ボタンを全部押して、次に乗る人に迷惑をかけるような他愛もない遊びもやったし、新宿野村ビルと地下でつながっていた新宿センタービルと、ふたつの高層ビルを使って大掛かりなドロケーをやったりもした。

まだまだおおらかな時代だったし、大都会ならではの近代化も同時に存在していた。オレはそんな環境のなかで育っていったんだ。

この本でも何度か触れているけど、うちの近所では真っ昼間から酔っ払いが道端で寝ていたり、新宿中央公園ではホームレスたちが酒盛りをしたりしていた。そう考えると、決して子どもを育てるには最適の環境だったとは言えないよな。

でも、高田文夫先生が言ってくれたように、小さい頃からそんな環境のなかでダメな大人たちのさまざまな振る舞い、やらかしちまった騒動の数々を目の当たりにしてきたことは、オレの仕事にとても役立っている。

まさに、「お笑いのエリート」として、あの当時の環境は懐かしく思い出すんだ。

いまでは、仲間たちとつるんで遊んでいた新宿・柏木《かしわぎ》公園もフェンスに囲まれ、夜中になれば「ホームレス対策」として、入り口にはしっかりと施錠がされている。確かに、「街の健全化」としてはいいのかもしれないけど、やっぱりちょっと寂しい。

公園っていうのは、昼は子どもの遊び場で、夜はホームレスの寝床っていうのが相場だったんだよ。ホームレスの人たちの寝場所を奪ったらいけないよ。

子どもの頃の思い出を中心に筆を執ってみたオレの自伝的小説『新宿スペースインベー

ダー』（武田ランダムハウスジャパン）でも書いたけど、柏木公園の主である「村田《むらた》さん」のことはいまでも忘れられない。「主」と言っても、この公園を管理している都の職員なんかじゃないよ。村田さんというのは、この公園で寝泊まりする人たちを取り仕切っていたホームレスのドンだった。

夏でもボア付きの紺色のドカジャンを着て、目はいつも真っ赤に充血していたくせに、白目はどよんと濁っていて、鼻は真っ赤で、歯は完全に黄ばんでいてさ。

この頃、オレたちはひり出しホヤホヤの犬のウンコに爆竹を差し込んで爆破する「ウンコ爆弾」、略して「ウン爆」でいつも遊んでいたんだけど、あるとき、公園で昼寝をしていた村田さんの下にウンコが飛び散っちゃったんだ。

何発も、何発も爆竹を鳴らされて昼寝の邪魔をされるわ、ウンコは飛んでくるわ、村田さんはついに怒り出した。そして村田さんは、手元にあったゴミをこちらに向かって手当たり次第に投げつけてきた。一応、オレたちも反撃はしたんだけど、村田さんの血走った真っ赤な目が怖くて、しばらくの間は柏木公園から足が遠のいていたんだよね。

でも、自分たちの遊び場を失ったままでは悔しいから、あるときみんなで作戦会議を開いて、村田さんと全面対決をすることにしたんだよ。

「作戦」と言っても、大したもんじゃない。昼寝をしている村田さんにそっと近づいて煙幕を張って、目が覚めたところで水風船爆弾の波状攻撃を浴びせるというもの。そして、奇襲作戦はまんまと成功した。でも、この作戦の結果、村田さんとの関係はさらに気まずくなっただけで、本来の目的である「柏木公園奪回」はならなかった。

だけど、ひょんなことからオレたちは村田さんと和解することになったんだ。

当時のオレたちのもうひとつの遊び場が新宿御苑《ぎょえん》だったんだけど、あるときこの公園の池でたくさんのザリガニを取ったことがあったんだよね。

大量の釣果に意気揚々としていたオレたちは、たまたまその日、柏木公園に寄ってみることにした。村田さんのことが気になっていたのもあったから。そしたらまんまと村田さんにばったり出会ってしまって、逃げるのに必死でザリガニの入ったバケツを置いてきてしまったんだ。せっかくのザリガニを置いてきてしまったんで、オレたちはかなり落ち込んだんだけど、その翌日、覚悟を決めて公園までバケツを取りに行ってみた。

そうしたら、バケツのなかはすでに空っぽだったよ。で、このときも村田さんに見つかってしまった。狭い公園だから、当然っちゃ、当然なんだけど。

オレたちはこっぴどく殴られることを覚悟したよ。でも、村田さんの反応は意外なものだったんだ。

「昨日のザリガニ、みんなで食ったよ。なかなか美味《うま》かった、ありがとうな」

まさか、お礼を言われるとは思っていなかったから、オレたちはビックリ！　でも、本当に驚いたのはその後の村田さんの行動だった。

なんと、村田さんは「ザリガニのお礼だよ」と言って、クシャクシャになった５００円札をオレたちにくれたんだ。子どもなりにホームレスにとっての５００円の価値はわかっていたから、複雑な心境だったことは言うまでもない。

で、あらためてみんなでお礼を言うと、村田さんは自己紹介をはじめたじゃない。さっきからずっと「村田さん」って書いていたけど、彼の名字を知ったのはこの瞬間のことだった。そして、他のホームレス仲間たちのことも紹介してもらったんだ。

長々と子どもの頃の思い出話を書いてしまったけど、こうした経緯を経て、普通に暮らしていたら絶対に友だちになるはずのないホームレスの人たちとオレたちは友だちになった。

親に言ったら、顔をしかめることはわかっていたので、オレたちだけの秘密だったんだけど、小さい頃にこんな経験をできたのは幸せなことだったたと思うよ。

だって、ホームレスのなかにも「時計係」とか「ご飯係」とか「お酒係」とか、役割分担があるんだってことを知ったのはこのときが初めてのことだったし、汚くて怖そうに見えるホームレスの人たちだけど、根はいい人なんだって知ることもできたしさ。

もちろん、決して「村田さんは粋な男だ」とは言わないよ。

でも、自分とはまったく無縁だと思える世界の人とコミュニケーションを図ることができたのは、自分の視野を広げる意味でもヘンな固定観念を払拭《ふっしょく》する意味でも、とても貴重な経験だった。

年金暮らしの越谷のお父さん

子どもの頃のエピソードを続けてしまったけど、再び「酒場で出会った名もなきヒーローたち」の思い出を綴っていくことにしようか。

高校卒業後、浅草『フランス座』での修業時代、「越谷《こしがや》のお父さん」と呼ばれるおじいさんがいた。彼の本名は知らないし、なにをしている人なのかもまったくわからない。埼玉県の越谷に住んでいて、年金暮らしをしていたらしくて、週に一度浅草まで出かけてきて、ストリップを見に来るのが趣味なのだということだけは知っていた。この越谷のお父さんは、本当に粋な人だったなぁ。

ストリップを見終えると、そのまま『スナック・フランス座』で美味しそうにお酒を呑んでいたんだけど、オレたちにも小遣いをくれるんだ。

年金暮らしをしていたというから裕福ではない。それでも、健気《けなげ》に働いている若者たちに、「なにか美味いものでも食べなよ」って言って小遣いをくれる。でも結局は、そのお金さえも社長に取り上げられちゃうんだけどね……。

越谷のお父さんは、オレたちだけじゃなくて、ストリッパーのお姐《ねえ》さんたちにも人気者だった。少ない小遣いのなかから、プレゼントやチップをあげたりしていたから。

時代はちょうどバブル真っ只中《まただなか》だったから、世の中には景気のいい人、超大金持ちがあふれていたよ。でも、そういうヤツらの大半は「金持ち自慢」をしたい連中ばかりで、イヤな人間が多かった。

オレたちのことを見下して、「NTT株で大儲けをしたよ」と自慢しながら、「なにか面白いことやれよ。オレを笑わせることができたら金をやるから」って命令するくせに、絶対に小遣いなんかくれやしなかった。それに比べて越谷のお父さんは、苦しい生活のなかから工面してオレと博士に1000円ずつくれたんだよ。

ホントに泣けてくるよな。金額の問題じゃないんだよ。心意気の問題なんだよ。人としての優しさの問題なんだよ。

こういう人って、生きた金の使い方を知っているんだと思う。それこそまさに、粋じゃないの！

見た目はダンディなお父さんではなかった。むしろ、タコ親父のような風貌《ふうぼう》だったかな。それでも、オレにはとてもカッコよく見えたもんだよ。

あの時点ですでに70歳ぐらいだったから、もう亡くなっているだろうね。きちんとお礼をしたかったよ。名前さえロクに知らないままだったけど、いまでも越谷のお父さんには感謝している。

威張ることなく、なにかを察してオレたちのことを気遣ってくれた。それは、オレたちが抱いていた夢や希望だったのかもしれないし、あるいは「生活苦」という当時のオレたちにとっての最大の問題だったのかもしれない。

この「察する」ということもまた、粋な男になる大切な要素なのかもしれない。

完全アウェイのラドンセンターで受け入れられる

自宅の近くによく通っているラドンセンターがあったんだ。

オレにとっては近所だから、引っ越して以来、頻繁に通うようになったんだけど、もちろんそこには古参の常連客がたくさんいた。柔道や空手で言えば、まさに黒帯の猛者《もさ》たちってとこかな。対するオレは、入門したばかりの白帯だよ。

ラドンセンターには畳敷きの大広間があって、そこで風呂《ふろ》上がりにビールを呑んだり、新聞を読んだり、大相撲中継を見たりしてすごすんだけど、部屋の奥では黒帯連中が賑やかに酒盛りをしているんだよね。

オレはその光景を遠巻きに見ながら、「楽しそうだなぁ」なんて思っていたんだけど、こっちは新参者だから端っこで静かにビールを呑んでいるしかない。

そんなことを何度か続けていたら、冬のある日、黒帯のひとりに声をかけられた。

「おい兄ちゃんこっち来いよ。こっちで一緒に呑もうよ」

ちょうどそのとき、暖房の調子があまりよくなくて部屋の一部しか暖まっていなかったんだ。オレの座っていたあたりはほとんど暖かくなかったから、それを見かねて声をかけてくれたはずだけど、このやり取りをするまでに半年ぐらいかかったよね。確かに居心地は悪かったけど、いきなりズケズケとその輪に入っていくほどオレだって図々《ずうずう》しくない。でも、後で聞いたら、オレも遠慮していたけど黒帯たちも「声をかけていいのかな？」って、気遣っていてくれたらしい。

オレ、こういう間柄が、とても好きだね。

ガサツな感じで、いきなり声をかけるんじゃなくて、お互いに気を遣いながら声をかけるタイミングを計っていて、暖房の調子が悪い冬の日に満を持して声をかける。

これって、粋な人間関係じゃないのかな。

もちろん、「水臭い」とか、「よそよそしい」って意見もあるだろうけどさ、オレは恥じらいを感じながら生きている人のほうに魅力を感じてしまう。

それ以来、オレも黒帯軍団の仲間入りだよ！　最初に声をかけてくれたのがつるっぱげのゲンさんって言うんだけど、ゲンさんには本当によくしてもらっているよね。

どこかに行ったら、いつも手土産をくれたりするんだよ。そういう些細《ささい》な気遣いにオレは弱いんだ。

残念なことに、そのラドンセンターは取り壊されてしまっていまはもうなくなってしまった。でも、黒帯連中とはいまでも連絡を取り合って、飯を食いに行ったり呑みに行ったり、花見をしたりといい関係が続いている。

この黒帯軍団のメンバーには、大学で美術の先生をやっている人もいりゃあ、工務店の社長もいりゃあ、ペンキ屋のオジサンも、大工の棟梁《とうりょう》も、リタイアしたエリートサラリーマンもいる。

芸能界とはまったく関係のない人たちばかりで、とても居心地がいいんだ。オレには芸能人の友だちはほとんどいないけど、「黒帯仲間」がいるからまったく寂しくなんかない。むしろ、こういう関係をいつまでも大切にしたいものだよね。

オレの憧れ八百屋のオジちゃん

いま、オレが最高に憧《あこが》れているのが近所の八百屋のオジちゃんなんだ。

この人は本当にイケてるよ！　この本のテーマに倣うなら、まさに粋な男と言っていい存在かもしれない。

オジちゃんはもともとは遊び人だった。職歴もなかなかなもんで、個室ヌードの支配人をしたりバーのオーナーを任されたり、怖い親分がお金を出して始めた大人のオモチャ屋の雇われ店長をやっていたりと、いろいろな仕事を渡り歩いてきたという。でも、40歳になったときに思うところがあって、「なにか定職に就かなければダメだ」って考えた。そこで、候補に挙がったのが花屋と魚屋と八百屋だったんだって。

このとき、「花屋も魚屋も水を扱う仕事だから、冬場は冷たくて大変だな」って、軟弱な理由から八百屋をはじめたんだ。家業が八百屋だったら問題はないけど、いきなり門外漢が青果業に飛び込むのはかなり大変だったろうね。詳しいことは知らないけど、青果市場で競りに参加するために組合に加入しなければならないし、買参権を獲得するための保証金も必要だろうし、なによりも野菜の知識も必要になってくるだろうし。

でも、オジちゃんはそのすべてをクリアして今では立派な八百屋になっている。彼の場合は店舗を構えるんじゃなくて、ハイエースに野菜を積んで売り歩く青空八百屋というスタイルを取っている。いまでは、うちの近所の主婦たちの人気者だよ。

最初はうちの奥さんがお客として彼の店を利用していたから、オレはオジちゃんとはなにも接点はなかったんだよ。

でもある日、オレが釣りから帰って来たときに、ちょうど彼が開店準備をしていた場面に出くわした。で、釣りの道具を片付けていると彼が近づいてきて、「あんたも釣りをやるんだ」って言ってきたから、「えぇ、まぁ」なんて、簡単な会話を交わしたのが最初だったね。

それから、「じゃあ、今度一緒に釣りに行こうよ」って誘われるまでに時間はかからなかった。で、オジちゃんと一緒に伊豆《いず》まで行ってみることにした。

その頃のオレは、かなり釣りにハマっていたから腕に自信はあった。でも、海に出てみて驚いたよ！　オジちゃんの手際のよさったらハンパなかった。プロそのものだよ。このときはメジナを大量に釣ったんだけど、それは見事な手さばきだったねぇ。

「むかし、本格的にやってたんですか？」

つい丁寧語で質問しちゃったんだけど、それに対しても「まぁ、ちょっとな」って多くを語ろうとしないところがまたいい。なにもかも明らかにするんじゃなくて、常に含みを持たせていたほうがミステリアスだし、カッコいいし、それこそ粋なんだって、それはオジちゃんとの付き合いから学んだことだね。

それからはかなりの頻度で彼と一緒に釣りに行くことになったんだけど、釣りはもちろん、オレはオジちゃんの運転するハイエースの助手席に座って、行き帰りにオジちゃんの若かりし頃の武勇伝を聞くことに夢中になった。もちろん常連客の奥さんやオバちゃんには一切見せない、オレだけに教えてくれる昔のオジちゃんの顔の話だ。


さっきも言ったけど、オジちゃんは近所の奥さん連中のなかでも人気者でいる。お年寄りが買い物に来たときには、わざわざ自宅まで届けたりしているからね。

それだけじゃなくて、たまたまお客の家を見たとき「庭の木の枝が伸び放題だな」って思ったら、次に来たときにハサミを持参してパパッと剪定《せんてい》しちゃうんだよ。そういうことを恩着せがましくなく、自然にサラッとやっちゃうところが粋じゃないの。

それに、オジちゃんの友人関係も粋な人が多くてよく一緒に遊んだりするんだ。年代も職業もバラバラなんだけど、みんな気のいいオジサンばかりだよ。

用水路の脇の田んぼに集まって、みんなでバーベキューをしたり、酒を呑んだりしたことがあったんだけど、そういうときでもオジちゃんは率先して雑用をこなしていて、みんなから頼りにされていた。

本来なら、年下のオレがテキパキと動かなきゃいけないんだろうけど、ほぼすべてのことをオジサン連中がこなしてしまうから、オレはなにもすることがないんだ。

そして、田んぼでメダカとかザリガニをたくさんすくっては近所の子どもたちにお土産として持って帰ったりもしている。

もう、なにからなにまでカッコいいじゃない。すべての行動、所作が粋だよな。こういう男にオレは心から憧れるよね。ラドンセンターのゲンさんも、八百屋のオジちゃんも、芸能界とは無縁の人で、まったく利害関係のない間柄だからいいのかもね。

みんなオレにとってはかけがえのない友だちであり、粋を教えてくれる師匠たちだよ。

ちなみに10年以上っていう長い付き合いのオジちゃんだけど、その本名はまだ知らないんだ。「オジちゃん」「玉ちゃん」っていう呼び名で、つながってるんだよ。

第5章　「粋」を教えてくれたオレの教科書

プロレスで見分ける友だちになれるヤツとなれないヤツ

子どもの頃から、大のプロレスファンだった。

いまでもついつい、古いビデオやDVDを見ちゃうんだよな。最近も、アントニオ猪木《いのき》とジョニー・パワーズの試合や、猪木対大木金太郎《おおききんたろう》の激闘に夢中になったよ。酒を呑《の》んで気持ちがよくなると、ついついDVDに手が伸びちゃう。

オレが子どもの時代は、クラスの男子ほぼ全員がプロレスに夢中だった。幼心に、「なにか見ちゃいけねぇ世界なのかも?」っていういかがわしさを感じていたし、怖いもの見たさみたいな雰囲気もあったからね。

プロレスの魅力にノックアウトされていたから、馬場《ばば》さん（ジャイアント馬場）の全日（全日本プロレス）も、猪木の新日（新日本プロレス）も、ラッシャー木村《きむら》やストロング小林《こばやし》たちがいた国際プロレスも、全女（全日本女子プロレス）も、ありとあらゆるすべてのプロレスを見ていた。

だからオレなんて、『太陽にほえろ!』なんか、オンタイムで見たことがないもの。この番組はうちの近所がよくロケ地になっていたので、夕方の再放送はチェックしていたけど、『3年B組金八《きんぱち》先生』を見ていた同級生のことなんかバカにしていたからね。

いまの人にはなんのことだかわからないかもしれないけど、40代以上の人ならピンとくるにちがいない。オレが子どもの頃の「金曜夜8時」は、日本テレビが『太陽にほえろ!』、TBSが『3年B組金八先生』、そしてテレビ朝日が猪木率いる新日本プロレスの『ワールドプロレスリング』中継を放送していた。石原裕次郎《いしはらゆうじろう》と武田鉄矢《たけだてつや》とアントニオ猪木の三つ巴《どもえ》だよ! いい時代だったという他ないじゃない。

だって、「ボス」と「金八《きんぱ》っつぁん」と「燃える闘魂」だよ、最高だよ!

オレはプロレス全般が好きだったけど、特に猪木にはドキドキしたよね。

猪木伝説、そして猪木への憧《あこが》れをさらに強固にしてくれたのが梶原一騎《かじわらいっき》先生だった。猪木が語る壮大なロマンを梶原先生がドラマチックにマンガにしてくれるんだから、少年時代のオレはイチコロだったよ。「プロレスラーと空手家はどちらが強いのか?」って、大テーマを掲げて、新日と極真《きょくしん》会館が激突するんだから。

でも、小学生当時はあれだけ夢中になっていたプロレスなのに、中学生になる頃には仲間たちはみんなプロレスから離れていった。要はさ、「あんなものは子どもだましだ」って感じてしまったんだろう。

それなのに、オレは相変わらずプロレス好きのままだった。

どうしてずっとプロレスに夢中だったのかを考えてみると、きっと中学時代のオレは帰宅部だったからだと思う。自分の能力の限界を薄々気づいていたんだよね。野球部に入ったとしても、「どうせプロ野球選手になれるわけでもないし」って醒《さ》めた思いだったし、サッカーやバレーボールに関心もなかったし、なにか夢中になれるものを見つけていたわけでもなかった。

将来に対する希望も具体的なイメージもなにも持っていなかったオレにとって、現実離れしたプロレスの世界はとても居心地がよかった。魑魅魍魎《ちみもうりょう》が跳梁跋扈《ちょうりょうばっこ》するファンタジーあふれるプロレスの世界は、なにも楽しくない現状を忘れさせてくれる桃源郷のようなものだったわけだ。

つまり、自分の代わりに汗をかいて必死に闘ってくれる存在、それがプロレスラーであり、アントニオ猪木だったということ。運動神経はよくなかったし、痛いのもイヤだったから、「プロレスラーになりたい！」なんて思ったことは一度もないけど、闘う男たちは常にオレにとっての理想であり、憧れの存在でいた。

日常の鬱屈《うっくつ》した思いをレスラーたちに投影させて、鬱憤晴らしをしていたんだ。

小学生の頃、クラスの友だちと一緒によくプロレスごっこをしたけど、いまから思えばそのプロレスごっこからも、「粋《いき》」を学んだような気がする。

それぞれが思い思いのレスラーになってマットの上で闘う。でも、どちらかが一方的に攻めたり、逆に完全に防戦一方のまま闘いが終わったりすることは一度もなかった。必ず、両者に見せ場が訪れる試合展開になるんだ。

大人になってから、「プロレスにはいろいろな仕組みがあるんだ。だから面白い」ってことを知ったわけだけど、子どもの頃にはそんなことなどまったく知るわけがない。それなのに、プロレスの最大の魅力である「相手の技をきちんと受ける」ということを実践していたんだよね、全員がさ。

なかには、そんな機微を知ることなく一方的に全力で攻め続けたり、頑《かたく》なに相手の攻撃を避け続けたりする子もいたけど、そんなのは大抵、みんなから集中攻撃を浴びて泣きべそをかくことになる。

こっちだって本気で締めるわけじゃないのに、とにかく逃げ続ける子を見ていると、内心で「バカだなぁ」って、呆《あき》れていたもの。そんな子に比べたら、ジャンボ鶴田《つるた》のように失神した（フリをした）り、テリー・ファンクのように大袈裟《おおげさ》に吹っ飛ばされた（真似をした）りする子と対戦していると、「あぁ、コイツはわかってるな！」って、いい気持ちで試合ができたもんだよね。

言ってみれば、幼い男の子たちにとって「上手にプロレスごっこができるかどうか？」っていうのは、「コイツとは友だちになれるかどうか？」を知るためのリトマス試験紙のようなものだったんだと思う。

そういう意味では、小学生時代のオレは最高のプロレスラーだったと言い切れる！

相手の技はきちんと受けるし、受けたらちゃんと痛がるし、一つひとつのリアクションもオーバーに演じていたから、オレと対戦した相手はとても気持ちよかったにちがいない。

単なる子どものお遊びかもしれないけど、プロレスごっこのなかにも「相手の気持ちや機微を理解する」という大切な教えがあるんだ。

それもまた、「粋」を知るための手がかりだと言えるんじゃないのかな。

職人ぞろいのプロレスラーたち

大人になってからもプロレスにハマっているのは、やっぱり「プロレスラー」という人たちへの尊敬と憧れの思いが強くあるからだろう。

プロレスの興行形態というのは、基本的には巡業がメイン。「今日はこの地で試合をして、明日は別の土地で試合をする」っていう、いわば旅芸人スタイルだよね。

ワーッとやってきて、その地に住む人を大いに盛り上げたと思ったら、次の日にはもうよその街に行ってしまっている。たった一夜なんだけど、もの凄《すご》く大きなインパクトだけを残していなくなってしまうスタイルは、とても「粋」だよ。

しかも、レスラーというのはパンツ一丁ですべての感情を表現しているのもいい。それは、「強さ」や「痛み」はもちろん、その選手が背負ってきた「歴史」であり、「切なさ」であり、「ふがいなさ」であり、あるいは「哀しさ」かもしれない。

パンツ一枚だけで、喜怒哀楽を包み隠さずに表現する泥臭さ、そして人間臭さがたまらないよ。「ベビーフェイス」と呼ばれる善玉がいて、「ヒール」と呼ばれる悪役がいて、それぞれが自分の役割をきちんとこなしてさ。

もちろん、猪木のような大スターもいれば、藤原喜明《ふじわらよしあき》のような苦労人がいたり、木戸修《きどおさむ》のようないぶし銀がいたり……。一流と呼ばれるレスラーたちはみんな職人だよ。職人が黙々と自分の仕事をまっとうする姿、それはやっぱり粋ってもんだよ。

確かな技術と猛練習に裏打ちされた強さを武器に、全国どこに行っても観客を興奮させたり、ときには怒らせたり、嘆かせたりしながら、自分たちの手のひらの上で観客の感情をコントロールするんだから大したものだよ、プロレスラーという人たちは。

さらに、オレたちみたいに子どもの頃からプロレスを見続けていると、レスラーたちの成長、そして苦難の歴史を見届けることにもなる。それはまるで、「リアル大河ドラマ」だよね。

全日で言えば、かつてはうだつの上がらなかった天龍源一郎《てんりゅうげんいちろう》が、エリートであるジャンボ鶴田への反骨心から「天龍革命」を成し遂げたときもそうだった。その天龍が独立。自分の団体を旗揚げして順風満帆に進んでいたのに、その団体も潰《つぶ》れてしまう。その後、さまざまなレスラーと対戦して、最後には期待の新鋭であるオカダ・カズチカと対戦して壮絶に敗れて引退する……。

新日で言えば、「藤波《ふじなみ》、オレはおまえの噛《か》ませ犬じゃない！」発言で一気にブレイクした長州力《ちょうしゅうりき》もそうだった。藤波辰巳《たつみ》（現・辰爾《たつみ》）への嫉妬《しっと》心から始まった「長州革命」によって、多くの子どもたちは熱狂したもんだよ。

その天龍も長州も、いまではバラエティ番組に引っ張りだこなんだから、人生はどう転ぶのかまったくわからない。

人間の持つさまざまな感情をむき出しにして闘う男たち——。やっぱりプロレスラーはカッコいいし、プロレスには粋のヒントがたくさん詰まっている。

競輪場はいまだに昭和を生きる男たちのるつぼ

競輪との出会いは40代になってからのことだった。

いまでも記憶に残る、「もっとも滑ったステージ」（第２章参照）を京王閣競輪場で経験したことも大きかったし、ビギナーズラックで40万くらいの大当たりをしたことも影響しているけど、今ではすっかり競輪の虜《とりこ》になっちまった。

暇さえあれば……いや、暇がなくても時間をつくっては競輪場へ足を運ぶし、行けなければネット投票で車券を買う。もちろん、競輪専門の『スピードチャンネル』は欠かさずチェックしている。片っ端から競輪関係の本は買って読むし、スポーツ紙の出走表は常に手元に置いているほどなんだ。

特に田中誠《たなかまこと》先生の『ギャンブルレーサー』はオレのバイブル。競輪の仕組みや選手の感情、もちろん競輪の競走というものに関して大いに勉強になったし、過去に読んできたすべてのマンガでもナンバーワンの作品と言っていい。

で、ちょうど当時オレが住んでいたところが「京王閣」と「立川《たちかわ》」と「西武園《せいぶえん》」というゴールデントライアングルのど真ん中だったから、もうどこにでも行き放題！　オレが競輪に夢中になるのは必然だった。

ひとりで行くときもあれば、若い衆を連れていくこともあるし、現地で友だちと待ち合わせをして一緒に車券を買ったりしている。

それにしても、競輪場は大人のワンダーランドだよな！　あそこにいるのは時間の止まったオジサンばかり。でも、それは「古い」って意味じゃないよ、「懐かしい」って感じなんだ。平成30年じゃなくて、昭和93年なんだよね。それがオレにとってはとても心地いい。

だってこの間なんかさ、南海ホークスの帽子をかぶっているおっちゃんがいたよ。しかも、いま流行《はや》りの「復刻版」なんてシャレたもんじゃなくて、「当時モノ」だよ。年季が入ったいい色をしていたっけ。

オレが驚いたのは、スポーツ新聞の競輪面や予想紙の類《たぐい》を一切見ないおじちゃん。競輪歴50年を誇る超黒帯なんだけど、50年分のデータがほぼ頭に入っている競輪界の生き字引。常に情報をアップデートしているんだから驚いちゃうよ。「その能力を他のことに使えばいいのに」、なんて野暮なことを言っちゃいけないよ。

インパクトが大きかったのが裸の上にベストを着ていたオジサンかな。スタン・ハンセンじゃないんだから！　サウナパンツを穿《は》いているオジサンもいたよ。ドレスコードはどうなってるんだよ、まったく。

あと、「競輪場へ来るんじゃねぇよ！」って、いきなり怒鳴られたこともあったよ。驚いたから、「どうしてだよ、オジサン？」って聞いちゃったよ。

「オレはいままで競輪で家3軒取られてるんだよ、この野郎!」

自分がハズレてることを棚に上げて、人に説教するんだからたまんないよな。でも、このオジサンも根はいい人だったよ。別れ際には、「オレみたいになるなよ」って言ってくれたんだ。でも、「ならねぇよ!」って言い返したらケンカになっちゃったけどね。

だからオレは、競輪場に行くと、レース展開を予想して車券を買うだけじゃなくて、人間ウォッチにも励むんだ。そこにいるのは、本性むき出しの人間ばかりだよ。上辺だけを着飾った人間よりも、ずっと信頼できる気がするよね。「むかし、うちの近所にあんなオジサンいたなぁ」って、とても懐かしい思いにさせてくれるんだ。

こういうオジサンたちとの交流を「面倒だ」とか、「迷惑だ」なんて思っちゃいけない。むしろ「面白い人だな」って許す気持ちが大切だよ。だって、彼らは本音で生きているんだからね。いまではすっかり見なくなった絶滅危惧《きぐ》種が競輪場にはたくさんいるんだよ。

彼らの言動からはいろいろなことを学べると思う。まぁ、反面教師というのが本当のところかもしれないけどさ。

人間臭さ全開のギャンブル、それが競輪

さて、競輪場に着いたらまずは必ず酒を呑むよ、オレは。

ここで大切なのは馴染《なじ》みの店をつくっておくことかな。立川競輪場のある店では、オレの姿を見るとおばちゃんが他のお客さんよりも濃いめのウーロンハイをつくってくれる。そこまでの関係性を築き上げるのは大変なことだったよ。それなのに、最近ではウーロンハイを缶で出す店が増えてきているのは、ちょっと寂しいよね。

あと、どこの競輪場に行ってもオレはラーメンを食べるんだけど、とても食えたもんじゃないラーメンもあれば、函館《はこだて》競輪場の2階の食堂のように、「食べなきゃ、後悔するぞ」ってラーメンもある。食べ比べてみるのも意外と楽しいもんだよ。

昨今、みんながみんな失敗を恐れている時代だよね。「美味《おい》しいラーメンを食べたい」からって、すぐにネットやスマホで調べてから店を決めるだろ？

でも、評価のいいところに行って美味《うま》いラーメン食べたってなにも面白くないじゃん。それじゃあ、あたりまえ過ぎるんだよ。意外性がなにもないじゃないの。

いいかい、ハズレがあるからアタリのよろこびが倍増するんだよ。ってことはさ、裏を返せばハズレもアタリっていうことなんだ。

それって、まさにギャンブルがそうだよね。

ギャンブルはやっぱり、いろんなことを教えてくれるんだ。

ちなみに、オレのオススメは大宮《おおみや》競輪場で食えるラーメン。その対極にあるのが岸和田《きしわだ》競輪場の中華そば。これは謎のラーメンだよ。別にくさしているわけじゃないよ、とにかく機会があったら食べてみてほしいんだ。きっと驚くと思う。

あと、「旅打ち」も風情があっていい。

函館競輪場に行けば、「北の国にやってきたなぁ」ってシミジミする。夏の終わりの函館なんか少し肌寒いからさ、ウインドブレーカーを羽織りながらレースを見つめるんだ。新潟県随一のパワースポットである弥彦《やひこ》競輪場に行けば、「なんと情緒あるところなんだ」と、焼酎《しょうちゅう》を呑みながら感慨を覚えて泣きそうになったりするからね。

ギャンブルを目的にした旅行で、その地方の空気を吸いながら競輪に興じるよろこびと興奮。これは一度経験したら病みつきになる。旅情気分とギャンブル。これはこれで、粋な世界だ。

夏の夜なんかは「ナイター競輪」もオススメだよ。夜風に当たりながら車券を買うなんて風流だよね。仕事を終えたばかりの鳶《とび》の職人たちがハイエースを乗り付けて競輪場に駆けつける姿なんて最高に粋なもんだよ。棟梁らしきオジサンが若い職人に車券の買い方を説明している姿なんてたまんないね！

ナイターのなかで見る競輪というのは、なかなか幻想的なもんだよ。カクテル光線を浴びた選手たちが、最高時速70キロくらいでゴールを目指す。

このときだけはギャンブルに金を注ぎ込んでいるんじゃなくて、夜風とか、夜空とか、風情に感謝するためにお金を払っている感じがする。それはまるで、昔感じた夏の夜の記憶だよ。蚊帳《かや》があって、蚊取り線香があって、風鈴がある……。

なんとも言えない郷愁を覚える瞬間、それがナイター競輪にはある。

競輪の魅力とは、ひと言で言えば「絆《きずな》」ということになると思うんだ。

先輩と後輩の絆、同期の絆、同郷の絆、地縁の絆……。

人間関係のすべて、人生そのものが「競輪」という競技に凝縮されているといっても過言じゃないよ。競輪では、「ラインを組む」って言われるんだけど、各選手がレースの進め方に応じて他の選手と連携してレースをする。

たとえば、同郷の先輩と後輩が連携する。このとき、後輩があえて風よけになって、先輩に有利なようにレース上協力をしたりするんだよね。「僕が先導するので、先輩は僕についてきてください。そして最後の直線で勝負しましょう」ってね。それは決して八百長なんかじゃない。人間同士の思いやりなんだ。

そして、車券を買うオレたちはこうしたレース展開を読みながら金を払う。

競馬は馬が走るもので、ボートレースもオートレースもメカ（エンジン）の性能が大きく左右する。もちろん、そこにはジョッキーやレーサーたちの人間ドラマもあるだろう。でも、競輪はより人間臭さ全開のギャンブルであり続けている。だからこそ、そこには必ず「絆」が絡んでくる。それが、オレが感じる競輪の最大の魅力かもしれない。人間関係が希薄な時代だからこそ、絆の強さに惹《ひ》かれるんだ。

そして、そこにオレは粋のヒントを見つけたような気がするんだよね。

実際に競輪選手たちって粋な人間が多いんだ。

彼らはオフシーズンがないから、どのスポーツ選手よりも練習に明け暮れている。レースの着順が悪かったら賞金は僅《わず》かなもの。だからこそ、必死に練習するしかない。自分の身体ひとつで金を稼ぐなんてカッコいいじゃない。よく競輪選手が言うんだよ。「練習が本番で、レースは集金」だって。

それに、常に大怪我のリスクを背負っているから、文字どおり「命を賭《か》けて」レースに臨んでいるのがよく伝わってくる。コンクリートのバンク内で、トップスピードで落車するなんて日常茶飯事。骨折する選手もいれば、擦過傷で大変な思いをする選手もいる。もちろんそんなことは起こってほしくないけど、稀《まれ》に死亡事故も起きる……。自分の仕事に命を賭ける男たちの姿は、美しいもんだよ。

オレはこれまで、多くの競輪選手たちと仕事をしたり、個人的に食事をしたりしてきたけど、いままで誰ひとりとしてイヤな選手に会ったことはない。

毎年12月31日に競輪特番に出演して、そのあと中野《なかの》浩一《こういち》さんら大物ゲストはもちろん、競輪グランプリ覇者の選手たちを交えて打ち上げをするんだ。オレ、このとき驚いたのは、誰ひとり携帯を触ってねぇんだよ。携帯をいじっているよりも、目の前の人と話したり酒を呑んだりすることのほうがずっと楽しいってことを知っているんだ。やっぱり、ヴァーチャルなものよりも、目の前にいる血の通った人間と交流したいじゃん。もちろん、彼らは上下関係の厳しい世界に生きているから、そういうマナーの部分もあるんだと思う。

そして、そこには部外者であるオレに対する気遣いもあるんだよね。ゲストへのもてなしの心から、きちんと会話をしてくれるってわけだ。

オレの夢は、売り上げが落ち込んでいる競輪をもう一度メジャーな公営競技にすること。そして、競輪選手たちがもっと恵まれた扱いを受けること。そのために、「微力ながらオレもなにかできねぇかな」って、真剣に考えている。

超高級ソープランドの超一流のおもてなし

さて、ここまで「呑む」「打つ」とオレなりの体験談を語ってきたけれど、そうなれば当然、次は「買う」だよな。

女遊びからも、オレはいろいろなことを学んだよ。

オレが大切にしているのが、「プロの女性とルールにのっとった遊びをすること」だね。

だから、決して本番を強要しない……なんの話をしてるんだよ、オレは！

とにかく、その店の決められたルールをきちんと守る。これだけは遵守しているよ。

傍若無人に勝手な振る舞いをしていたら楽しく遊ぶことはできないよ。これは風俗遊びだけじゃなくて、すべてのことに言える真理じゃないのかなって。


風俗通いと言えば、50歳になったときの思い出が忘れられない。オレは以前から、「40歳を迎えたら、自分への誕生祝いをする」ってひそかに決めていたんだよね。このとき考えていた「ご褒美」は、「誰にも言わずに日本一のソープランドに行くこと」だったんだ。「情けない夢だな」なんて言わないでくれよ……オレはさ、真剣だったんだから。でも、このときは仕事が立て込んでいて実現できなかった。

40代の間、ずっとこのことが引っかかっていたんだよ。呑み屋で友だちと話しているときに、「実現できなかったことが悔しい」って言っても、周りからは「バカなこと言ってんじゃねぇよ」って、みんなに笑われたんだ。

でも、唯一、ピエール瀧《たき》だけが「玉ちゃん、それ面白いよ」って言ってくれた。だから、決めたんだよ。「50歳のお祝いに日本一のソープへ行こう！」って。

で、誰にも言わずに、もちろんカミさんにも内緒にして……たまたまできた3日間の休みを利用して「ひとりロードムービー」をすることにした。

滋賀県の雄琴《おごと》に日本一のソープランドがあるんだよ。『フォーナイン』っていう店なんだけど、この日のためにずっとカミさんにも内緒で「フォーナイン貯金」をしてきたんだ。いわゆる〝機密費〟ってヤツだね。

でも、その店は「一見《いちげん》さんお断り」の敷居の高い店。だから、あらゆる伝手《つて》を頼って、ようやく予約をすることができた。それが、2017年7月4日のこと。50歳を迎えて、過去の自分と決別する――オレにとっての独立記念日だよ。

店にはドレスコードがあるというから、きちんとジャケットも用意していった。カミさんには、「ひょっとしたらフォーマルな呑み会もあるかもしれないから用意しといてよ」って頼んでさ。最低の男だよね、オレは……。

で、その店をゴールにしてひとりで車を走らせた。片道460キロの行程だよ。もちろん、ホテルなんか予約しない。最初から車中泊するつもりで、東京から滋賀までのんびりと車で行ったんだ。『フォーナイン』という名の西方浄土を目指して、車は西へ、西へと進んでいく。天竺《てんじく》に向かって進んでいくガンダーラの気分だよね。

車内では自分の好きな曲ばかりを大音量でかけ続けたよ。その間も、「どんな女の子なんだろう？」って、期待と不安が交互に押し寄せてくる。

期待し過ぎるとダメだったときの失望が大きいから、「どうせ、いい女なんかいねぇよ」って、自分に言い聞かせていた。それで、「酷《ひど》い女だったとしても、それはそれで旅のいい思い出になるじゃねぇか」ってさ。

こうして、ようやく7月4日が訪れたんだ。

噂通り、豪華なソープランドだった。男性スタッフの接客態度も、さすが一流店。そして、緊張しながら待っていると、ついに姫とご対面。

……驚いたね。ものすげぇのが来ちゃったよ、いい意味で。

ありがとう、ガンダーラ！　さすがの超高級店だよ。こんなにかわいい子には当たったことがないよ。いやー、本当に、本当に驚いた。

個室に入ってからのサービスも超一流。コトが済んで大満足でビールでも呑もうかと思ったら、姫が部屋から出ていくんだよ。「あれ、どうしたのかな？」って思っていたら、再び女の子が戻ってきた。

「玉ちゃん、お誕生日おめでとう！」

彼女の手には高級そうなシャンパンと誕生日ケーキがあった。店の支配人から、オレの「ガンダーラ計画」を聞いていたんだね。それでわざわざシャンパンとケーキを用意してくれていたってわけ。で、それだけじゃないんだよ！

さらに伊勢丹メンズ館で買ってきたというプレゼントまでくれたんだ。さすがに超一流店はちがうよな。サービスの一つひとつに心がこもっているもの。

思わず、少し多めにチップを渡して「いい50代を迎えられそうだよ」って、大満足で店を出た。


この話にはまだ続きがある。もうちょっと我慢して聞いてくれよ。

この日の晩、店の予約を取ってくれた人と一緒に呑んでいたら、店の支配人と社長が合流してくれた。そうしたら、支配人に開口一番言われたんだよ。

「彼女に多額のチップを渡していただき、ありがとうございました」

報告義務があるのかどうか知らないけど、密室での出来事だったにもかかわらず、彼女はきちんと店に報告したんだろうね。そういうところもまた超一流だよね。

結局、この日はどんちゃん騒ぎをして翌日また４６０キロの道のりを東京目指して進んでいった。本当にいい50代の幕開けとなったよ。こうして、「ガンダーラ計画」は大成功に終わった。


……一体、なんの話だ？　このエピソードのどこが粋なのか？

そう思うだろうね。オレも、そう思う。でも、究極の接客業であるソープランドで、「超一流店」と呼ばれる店は、これだけの心づくしを行っているということは、ぜひ伝えたかったんだ。

お客さんのために全身全霊でサービスする。これもまた粋ってことでいいよな。独りよがりの結論だってことはよくわかっているけどさ。

アンチ・アンチエイジング

これまで、それなりにいろいろな女性と遊んできたけど、一度もトラブルになったことはない。いわゆる「文春砲《ぶんしゅんほう》」にスクープされたことがないのは、オレが小物だからなのかもしれないけど、マスコミを賑《にぎ》わすような女性問題も一度もない。「生きるの、死ぬの」という修羅場を経験したことも全然ない。

たまたま運がよかったっていうのもあるだろうし、相手の女性がみんないい子ばかりだったっていうのもあるんだろう。

なぜこれまで女性トラブルがなかったのかって考えてみると、あまり自分からガツガツいかなかったのがよかったんじゃないのかな？　振り返ってみれば、オレの場合は「自分から」っていうよりは、いつも「相手から」っていう感じだったから。

誤解しないでほしいのは、間違ってもオレがモテるっていう意味じゃないよ。

そうかといって、金目当てで近づいてきたり、有名人好きの女の子と遊んできたりというわけでもないんだ。基本的には、来る者は拒まずということなのかもしれない。

そう考えてみると、オレはあまり選《よ》り好みをしていないのかもな。

50歳を過ぎた今、オレの好みは5歳年上の55歳くらいまでがストライクゾーンかな？

下は35歳から上は55歳まで。それはまさにヴィンテージワインのようなもので、女性も円熟味を増せば増すほど、味わい深くなるんだと思う。

取れたてピチピチ、生きづくりの美味さももちろんあるのはわかっているけどさ、この年になりゃ、サバのへしこ、フグの卵巣の糠漬《ぬかづ》け、ホヤの塩辛の美味さもよく知っている。

年を経れば経るほど、うまみ成分が増すのは自然の摂理だよ。

女性のことを、ワインや珍味にたとえるのは申し訳ないけど、オレはそう感じているんだ。そういう深い味わいを理解できる男は粋だと思うし、オレはそうなりたい。


大体、最近はなんでも「若けりゃいい」って風潮が強過ぎると思わない？　テレビを見ても雑誌を読んでも、「アンチエイジング」って言葉が花盛り。だけど、ときがくれば年をとる。年をとれば肌の張りが失われたり、しわやシミができたりするのは当然のことだと思うんだよね。

それは決して恥ずかしいことじゃないんだよ。

この間、本当に久しぶりに中学の同窓会に出たんだ。なかには三十数年振りに会った人もいたよ。当然、全員が50歳。それなりにオジサン、オバサンになっていた。

でも、女性に対するオレのストライクゾーンは「上限55歳まで」だから、同窓会に来ている同級生たちは、ほぼストライクと言っていい。なかには、「おっ、まだ全然イケるぞ」っていう子もいたよな。みんないい具合に年を重ねて、いい感じでうまみ成分が出ているんだろう。

もちろん、まったく身なりに気を遣わないよりは、きちんと気を配ったほうがいい。化粧だって、まったくしないよりは適度にしたほうがいい。

でも、だからと言ってヒアルロン酸を注入したり、ボトックス注射を打ったり、リフトアップ手術を受けたり、そこまで極端にアンチエイジングにこだわる必要はまったくないと考えているんだ。

実際に、年を重ねた女性とのセックスはとても気持ちいいもんだろうなぁ。オッパイも垂れているかもしれない、皮膚に弾力はないかもしれない。それでも、お互いにベテラン選手としてそれぞれのインサイドワークを発揮して、丁々発止のやり取りが展開されるはずだ。

かゆい所に手が届くというのか、気持ちいいところをお互いに瞬時に察することができるんだ。まさに、ベテランレスラー同士の試合がじつに美しいのと一緒だと思うよ。

だからこそ、オレは声を大にして言いたい。

「アンチ・アンチエイジング！」と。

年を重ねた女性に対してオレはかなり寛容だから、女性のほうから近づいてきてくれねぇかなぁ。

スナックとは世界遺産の原生林

そしていま、日々、オレが「粋」を学んでいる学び舎《や》がスナックだよ。

２０１３年、オレは昭和の古き良き文化を守るべく『全日本スナック連盟』を立ち上げた。

スナックというのは、どうしても個人経営店が中心だから、横の連携があまりないんだよね。業界を牽引《けんいん》する組織がないから、どうしても個々の努力が不可欠になる。

だけど、個人でやるには限界もあるから、スナックネットワークを構築して業界全体を盛り上げながら、新たなスナック文化を築きたいと考えた。

連盟の活動としては、１・広報、啓蒙《けいもう》活動、２・情報発信基地づくり、３・イベント活動を中心に全国の人たちにスナックの魅力をアピールしていたんだけど、ついに17年2月2日には、東京・赤坂《あかさか》に自分の店『スナック玉ちゃん』までオープンしちゃった。

それまでは単なるお客としてスナックに関わっていたわけだけど、自分で開店するとなると物件選びからはじまって、風俗営業許可申請や、酒屋との取り引きなど、初めて経験することの連続だった。まさか、このオレがおしぼりメーカーの選定に頭を悩ませるとは思わなかったもの。

これまで、何冊かスナックに関する本を書いてきたので、ここではあまり詳しくは触れないけど、スナックこそ「粋」の宝庫だと思うよ。

現代社会に取り残されつつあるスナック文化は、手つかずの大自然であり、世界遺産の原生林みたいなもの。

ママの数だけ個性があるスナック、ママの数だけ人生があるスナック。どれひとつとして同じものはないから、チェーン店ばかりの居酒屋とはまったくちがった楽しみ方ができるんだよね。

サービスが画一化されていないということは、当然アタリもあればハズレもある。この章の競輪場のラーメン屋のところでも書いたけれど、ハズレが怖いからと言って、無難な道ばかりを歩んでいたら、いつまで経っても刺激を手にすることはできないよ。

過剰にお膳立《ぜんだ》てされた同じ匂いのする街で同じ物を食べても、温室育ちの軟弱で生命力の弱い人間にしかならない。でも、「ここにはどんなドラマが待っているのか？」とドキドキしながら、勇気を出して扉を開けるときの静かな興奮は、一度経験したら病みつきになるはず。


よく、「いい店はどこですか？」って聞かれるんだけど、「いい店」というのは、人それぞれだから一概に言うことはできないな。強いて言えば、「いいママがいて、いい常連さんがいること」って答えになるんだけど、じゃあ、「いいママって？」「いい常連さんとは？」って聞かれても、オレには上手に答えることができない。

つまり、「ママ」にしても「常連さん」にしても、結局は「人」なんだよ。

酒の種類、メニューの豊富さ、店内の広さ、トイレの清潔さ、カラオケの曲数の多さなどなど、比べることができるものならば「この店はどうだ、あの店はこうだ」ってそれなりに感想を言うこともできるけど、ママや常連さんの個性になると、そう簡単に答えが出るものじゃないからね。

だからまずは一度、勇気を出してスナックのドアを叩《たた》いてほしい。

スナックのドアというのは、『ドラえもん』のどこでもドアみたいなもの。でも、決して自分で目的地を選ぶことはできない。開けたとたんに自分の知らない異次元へと続くドア。それを怖がって扉の前でビクビクしていたらなにも見つからないし、新しい体験もできない。ここは勇気を持って飛び込んでみようよ。

絶対にあなたなりの「アタリ」が眠っているはずだから。そして、スナック通いを続けているうちに、きっとあなたも「粋」の神髄を知るはずだから。

スナックはリアルパワースポット&心のセーフティネット

現在、全国にどれくらいのスナックがあると思う?

高度経済成長期以降、バブル時代までの最盛期と比べたら確実に減少傾向にある「昭和の遺物」と言われるかもしれないけど、それでもまだ全国に7万軒以上のスナックが夜の街に魅惑的なネオンサインを輝かせているんだ。

これって、なかなかな店舗数だよ。それこそ中堅のコンビニエンスストア並だけど、コンビニとまったく異なるのは、スナックはチェーン店ではないから約７万軒のスナック一つひとつがすべて別々の個性を持っているということ。

だから、さっき「一概にいい店は決められない」って言ったんだ。それぞれの店のママさん、マスターに物語があり、７万種類のストーリーがある。物語のバリエーションはたくさんある。だから、「あれ、この本、あんまり面白くないな」って感じたのなら、すぐに新しい本を手に取ればいい。だって、スナックというのは一生かけても読み切ることのできない、〝ネバー・エンディング・ストーリー〟なんだからさ。

で、実際にどれくらいの店に行ったことがあるのか、自分でも気になったんで数えてみたんだよ。だいたい年間に１５０軒くらいのペースでここ数年は推移しているんだけど、本格的にスナックに行きはじめたのが40代になってからのことだから、たぶん１０００軒くらいだろう。ってことは、これだけスナック通いを続けていても、オレにはまだまだ「読んでいない物語」がたくさんあるってことになる。最高だよ！　スナックがとても居心地がいいのは、それがつくられたレトロじゃないからなんだね。よくある間違ったレトロ感の象徴である水原弘《みずはらひろし》と由美《ゆみ》かおる（の『アース製薬』のホーロー看板）を飾っておけばいいってわけじゃない。

スナックにはボロボロのモンチッチや、王貞治《おうさだはる》の日焼けしたサインボールもあれば、若かりし頃のママと高倉健とのツーショット写真が飾ってある。

それだけじゃないよ。全国各地の通行手形、あかべこ、木彫りの熊は「三種の神器」だし、額縁に入った昔の小判や紙幣もあるし、トイレタンクの手洗い場には小汚い造花やビー玉が飾ってある。なかにはまだ現役として活躍中のレーザーディスクのカラオケセットが店内にデデーンと屹立《きつりつ》しているスナックだってあるんだぜ。

そんじょそこらの「おしゃれレトロ感」なんか吹き飛んじまうだろ。なにしろこっちは「リアルレトロ」なんだからさ。


迷信やおまじないみたいなものではなく、スナックというのはリアルに体感することのできるパワースポット。悩みがあれば、人生の酸いも甘いも噛み分けたママさんや百戦錬磨の常連さんたちに打ち明けてみればいい。

そこらじゅうに〝新宿の母〟みたいな存在がゴロゴロ転がっているから。たとえば、仕事の悩みを相談してみなよ。

「バカヤロー、オレなんていくつ会社を潰していると思ってんだ！」

そう一喝されるよ。目の前でこんなことを言ってくれる人なんかいないよ。この言葉を聞いたら、自分の悩みの小ささに気づかされるって。

つまり、スナックはパワースポットであると同時に、心のセーフティネットでもあるということ。恥ずかしがることなく、自分の悩みや困っていることを相談してみれば、きっと心がスッキリするはずだよ。なっ、ますます行ってみたくなっただろ！

粋とはなにかを探るヒントがそこら中に転がっている。それが、スナックなんだ。

第6章　家族から学んだ波乱万丈の「粋」

父の自殺と使途不明金

これまでにどこにも発表していなかったけど、じつはうちの父親は自殺したんだ。親父が65歳のときのことだった。いきなり、ビルの屋上から飛び降りちまった。

オレが35歳の頃のこと。仕事も順調で、「さぁ、これから恩返しだ!」ってときに、突然逝っちまった。

亡くなる2日前に親父に会ったんだよね。軽い喘息《ぜんそく》で入院していた親父を、オレは見舞っているんだけど、このときこんな会話をしたことを覚えてる。

「いままでいろいろ大変だったと思うけど、お楽しみはこれからだよ。オレが全部、恩返しをするから」

この言葉を親父はどんな思いで聞いたのかはわからない。でも、その2日後になにも言わずに飛び降りてしまったんだ。「なんで死んだんだよ!」って、オレは号泣するしかなかった。

まさか、あれが最後のやり取りになるなんて思っていなかったから、自分で自分を責めたよ。「どうしてオレは異変に気づかなかったのか？」って。あの日、親父はなんらかのSOSを発していたのかもしれない。それなのに、オレはまるで気づかなかった。悔やんでも悔やみ切れないよな。

病気や事故なら、まだあきらめもついたかもしれない。でも、まさか自分で自分の命を絶つなんて……頭の片隅にもなかった。一報を聞いて、「まさか……」と信じられなかったけど、それはやっぱり現実だった。

親父の死後、遺品整理をしたときのことだよ。生前の親父は一時期証券会社に勤めていたことがあったんだけど、そんな関係から金の出入りに関して自分で帳簿をつけていたんだ。

その帳簿を見ていたら、いわゆる使途不明金がかなりの額であるじゃないか。一気に大きな額ってわけじゃなくて、小出しに引き出されているのが積もりに積もって、という経緯のようだった。

親父はメモ魔だったので、他の書類を見ていてこの大金の内訳がオレにも理解できた。親父は姉の旦那《だんな》、オレにとっては義理の兄にあたる人物に金を貸していたんだ。それなりに貯金をしていたのに、姉の旦那の借金を肩代わりしているうちに、蓄えも底を尽いちまった。そして、それを気に病んで衝動的に飛び降りてしまったのだと思う。

オレはすぐに姉夫婦を自宅に呼びつけたよ。

そして、とことん問い詰めた結果、自分たちの借金を親父に肩代わりしてもらっていたことを認めた。キャッシングからはじまって、水商売の女の子に注ぎ込んだりしたらしい。まったくしょうがねぇよ。

それで、金に困ると親父を頼っていたというわけ。最初は数万円だったのが、すぐに30万、40万という大金になっていって、どんどん親父への借金が膨らんでいった。

悔しかったよ……。まさかさ、だらしない身内のせいで親父は自ら命を絶たなければならなくなるなんて想像だにしなかったから。

じつは、親父から何度か「金を貸してほしい」って頼まれたことがあった。そこで、理由を聞いたら、「姉夫婦の借金返済のために」って言ったから、オレはキッパリと断ったんだよね。

「いいかい親父、そこで甘やかしたら向こうはますます自活しなくなる。ここは毅然《きぜん》とした態度で断ったほうがいいと思う」

そうしたら親父は悲しそうに言ったよ。

「お姉ちゃんがかわいそうじゃないのか？　おまえはじつのお姉ちゃんに『死ね』って言うつもりなのか？」

でも、オレはそこで反論した。

「本当にお姉ちゃんのためを思うのなら、きちんと自己破産させて、もう一度やり直す道を進めるべきじゃないか」って。

結局、この日の話し合いは平行線をたどったままだった。それ以来、親父はオレに無心することはなくなった。こんな事態になったいまとなっては、「親父に金を貸せばよかったのかな？」って思いもあるよ。でも、あのとき貸していたとしても、結局は際限なく泥沼に陥っていたような気もする。

今でもふとしたときに考える。「あのときのオレの判断は本当に正しかったのか。間違っていなかったのか？」って。いくらそう考えても、とき既に遅しなのはわかっているけどさ。何度も何度もその思いが湧いてくるんだ。

「マスター」、そして「社長」だった親父

せっかくだから、もう少しだけ親父の思い出話を続けてみたい。

オレが生まれる前、親父は証券会社に勤務していた。そんなこともあったから、亡くなる直前まで金銭管理をきちんと続けていたんだろうね。

ところが、なにを思ったのか一念発起して雀荘《ジャンそう》をはじめることにした。

だから、オレの記憶のなかでは小《ち》っちゃい頃から、うちの親父はみんなに「マスター」って呼ばれているイメージしかないんだ。子ども心に、「マスター」って響きがカッコいいなと思っていたよね。

でも、その反対に一般のサラリーマン家庭に憧《あこが》れたこともあったことも事実。オレの友だちにはサラリーマン家庭も多かったから、なんとなくの憧れもあったんだよね。毎日、早く家に帰ってきて、家族団らんの時間をすごせるのが羨《うらや》ましかったのかもしれない。

だから、あるとき親父に聞いたんだ。

「どうして、お父さんはサラリーマンじゃないの？」

そうしたら、親父がキッパリとした口調で言ったよ。

「いいか、オレは社長だぞ。さらにマスターであり、経営者だ。サラリーマンよりもオレのほうが偉いんだぞ！」

子どもっていうのは単純なものだよね。オレはこの言葉をすっかり鵜呑《うの》みにして、「うちの親父はサラリーマンよりも偉いんだ」って胸を張っていたもん。

インベーダーゲームが登場するまで、学生やサラリーマンたちの娯楽の王様は麻雀《マージャン》だった。だから、うちの雀荘はいつも満卓。タバコの煙がモクモクしているなかで、親父とお袋が忙しそうにテキパキと働いていたっけ。

サラリーマン家庭だと、自分の父親が仕事をしている場面を子どもが直接見るっていうことはほとんどないと思うけど、オレの場合は父親が一生懸命に働いている姿を、自分の目でしっかりと見ることができた。それは、とても貴重な体験だったにちがいない。

その後、親父は雀荘をたたんでホモスナックを開店した。

思春期だったオレは、それがとても恥ずかしかったということは前に言ったよな。そんなこともあって、高校時代には親父とはほとんど没交渉だった。

でも、高校を卒業して殿の下に弟子入りをしたときも、「玉袋筋太郎」というとんでもない芸名をもらったときも、親父はうれしそうにオレの味方になってくれていた。

謹慎を余儀なくされて、まったく仕事もなくて貯金の底もついたときには、実家に戻ることをなにも言わずに許してくれた。ハッキリと口にして伝えられたわけではないけど、これまでずっと「頑張れよ！」って、陰ながらに応援してくれていたんだろう。

だからこそ、親父には「お楽しみはこれからだよ」って言っていたのに、まさかその2日後に自ら命を絶つなんて……まったく考えもしなかった。

まさに、「親孝行したいときに、親はなし」っていうのは本当のことなんだね。

だけど、親父はいつまで経っても、オレの自慢だよ、誇りだよ。ホモスナックを経営して、自分の家族を養ってくれたんだからさ。オレをしっかりと育ててくれたんだから。最高の父親だったと、オレは胸を張って言いたいんだ。

２０１７年の10月2日のことだよ。

ふと気がついたんだ。

（あぁ、親父が生きていたら80歳になったんだなぁ……）

80歳になった親父は、どんな男になっていたんだろうか？
すでに孫も独り立ちして、ますます悠々自適に暮らしていたんだろうか？
考えても仕方のないことだけど、ついついそんな感傷に浸ってしまう。本当に残念だよ、
そして悔しいよ。

金銭トラブルで姉夫婦と絶縁

親父が自殺した後、オレは姉夫婦の借金の肩代わりをしたうえで金輪際、縁を切ることを決めた。天国の親父が知ったら悲しむかもしれない。だけど、どうしてもオレは彼らを許すことができなかった。苦渋の決断だった。

３つ上の姉ちゃんとは、幼い頃からの思い出がいろいろある。

両親が雀荘を経営していたから、いつも姉ちゃんとふたりで留守番をしていたんだし、ふたりで店番をしたことだってあった。もちろん、いろいろ世話にもなったし大好きだったよ。

だけど、やっぱり親父の自殺の原因をつくったのは姉夫婦だというのは、消し去ること

のできない事実でもある。恐らく、今後も修復することは不可能だろう。

その後はどんな生活をしているのか、オレは詳しくは知らない。

それに、親父が死んだ後、今度はお袋に取り入ろうとしていたのが判明した。お袋は自分名義でマンションも持っているから、驚くほどじゃないけどそれなりに金はあるんだ。あろうことか、姉夫婦はお袋に泣きついて金の無心をはじめたんだよね。

お袋もさ、向こうの孫の顔をちらつかされて頼まれたら「わかったよ、困っているんだろ？」って、金を出してしまっていたという。

それがわかったときには、さすがにお袋を問い詰めたよ。

「金を出すことは姉ちゃん夫婦のためにもならないんだ」

それでもお袋は理解してくれなかった。「そうは言っても、困っているんだから助けてあげなくちゃ」の一点張り。あるときオレは、お袋に土下座をしたんだ。

「頼むから気づいてくれ。目を覚ましてくれ！」

その甲斐《かい》があったのかどうかはわからないけど、それをきっかけに少しずつお袋の洗脳も解けていったような気がする。そして、親父の死後5年が経って、オレが40歳のときから一緒に暮らすようになったというわけ。

だからオレはいま、お袋を引き取って毎日一緒の時間をすごしている。

それから既に10年が経って、お袋は80歳になった。一緒に暮らしはじめた70歳の頃から比べると、信じられないほど弱ってきていることがハッキリわかる。

年老いた親を持つ人ならわかってくれると思うけど、自分の親が加齢とともに弱くなっていくのを目の当たりにするというのは、子どもにとってはとても辛《つら》いこと。そして、最近では軽い認知症の兆しも見えはじめているから、なおさらだよ。

毎日、毎日、なにかがひとつずつ抜け落ちていくのが実感としてわかるんだ。最初の頃は辛かったし、悲しかったよ。でも、それも人間としての順番であり、老親を看取《みと》るということも、子どもにとっての役割のひとつなのかもしれないと考えるようになった。

第2章でも書いたように人生はトラックの荷台のようなものだとしたら、いまのオレのトラックの荷台には「母の最期を看取る」という、とても重い荷物が載っていることになる。15年前には「父の最期」という荷物を下ろした。でも、またこうして別の荷物を運んでいる。

それが過積載なのかどうかは自分ではわからない。でも、この荷物を背負ったまま、オレは50代を迎え、いまという時間、時代を生きているんだ。

さっき言った、「親父の80歳の誕生日」のことだよ。オレはさ、お袋に言ったんだ。

「今日は親父の誕生日だね。生きていたら、80歳の節目だよ」

そうしたら、お袋からはなんのリアクションもない。

もうさ、親父の誕生日のことも忘れてしまっているんだ。あれだけ仲が良かった夫婦だったのにな……。口では、「しょうがねえな、お袋も」って笑っているんだけど、心のなかではそれこそ号泣だよ。

これからは、こんなことがもっともっと増えていくんだろう。覚悟はしているよ。でも、できれば見たくない光景だよね。

ニュースで見ていた「老老介護」なんて、完全に他人事《ひとごと》だと思っていた。でも、意外と近くに転がっているもんだね。まぁ、オレはまだ「老」ではないんだけどさ。

母の面倒を見てショックばかりを感じているオレを見て、うちのカミさんはこう言ったよ。

「『こんな天才芸人はいないぞ』って思えばいいじゃない」って。

さっきメシを食ったばかりなのに、また食べようとする。その姿を見て、オレは悲しんだり、イライラしたりしていたんだけど、カミさんに言わせれば、それは「超天才芸人の渾身《こんしん》のボケ」ってことなんだよね。

決して計算じゃない。邪心のない渾身の大ボケ――。

そう考えれば、少しは気が楽になるような気がしてきたよ。そんな母が先日、ついに施設に入ることになった。施設に送っていくのはオレの仕事だ。このときの重い気持ちったらなかった。自分の母親を施設に入れるんだから、気持ちは姥捨てだ。入所手続きが終わって「じゃあね」と母を施設に置いてからの道すがら『息子として母に対してなんて酷いことをしてるんだ！』って思いがのしかかったし、『母に寂しい思いをさせてしまった』という呵責しかなかった。

時間がある限り母に面会に行くようにしている。驚いたのが自宅で暮らしているときよりも元気になっていることだった。「住めば都だって言うけど、本当にそうだよぅ」という母からの言葉を聞いてホッとした。母は続けて「でも、最初はあんたに置いてかれた時には、私は捨てられたんだなぁって悲しかったよ」。ホッとした気持ちからまたどん底に突き落とされた。ズバリなことを言い出す母を前に、なんと返していいかわからないで沈黙していると「でも、置いてかれた私も悲しかったけど、置いていったあんたの方が私よりも悲しかったんだろうなぁって考え直したら、悲しくなくなっちゃったよ」。

この一言で、本当にオレは救われた気分だった。

略奪愛の結果、「そして継父となる」

カミさんの話題が出たけど、ここではうちら夫婦のことも話してみようか。

オレとカミさんが出会ったのは、オレが25歳のときだった。当時のオレは、ようやくテレビに出始めた頃で、少しずつ世間に顔が売れはじめていたんだよね。

で、オレが出ていた当時の人気番組『浅ヤン』（『浅草橋ヤング洋品店』）をたまたま見ていたのが、のちにカミさんとなる彼女だった。写真入りのファンレターをもらったんだけど、その直後に相模原《さがみはら》での営業に彼女が見に来てくれていた。

それで、オレも若かったから「メシでも行くか？」って軽い気持ちで誘ったんだよね。

でも、そこには大きな問題があった。じつは当時の彼女は結婚したばかりだったんだ。

しかも、幼子を抱えているという。高校時代に自分の通っていた学校の先生を好きになって、卒業と同時に結婚。そして出産――。ドラマの『高校教師』、そのものだよね。

それでも、オレは彼女と付き合うことにした。細木《ほそき》数子《かずこ》先生に言わせれば、「地獄に堕《お》ちろ」と言われる所業だよ！　で、いま風に言えば「ゲスの極み」だよな。

やっぱり、悪いことはできないよ。オレが彼女と付き合っているのが、旦那さんにバレてしまったんだ。オレは「もう、これで彼女とは終わりだ」って覚悟をしたんだけど、なぜか彼女のほうが熱くなって、「離婚する」って言い出した。

そうなったら、オレも男としてきちんと筋を通さなければいけない。それで、彼女を迎えに行ったんだよ。もちろん、当時１歳半になったぐらいの男の子の面倒も見る覚悟を決めてね。

後ろめたい結婚だということはわかっていたし、親父にも猛反対された。でも、一度決めたからには、もう後に引くことはできなかった。

いまでも覚えているのは、彼女を迎えに行ったときのこと。彼女と旦那さんが暮らしていた家の玄関先で、オレは土下座をした。

「すみませんでした！」

オレはただ謝ることしかできなかった。罵倒《ばとう》されたり、殴られたりすることは覚悟していたよ。でも、彼は冷静な人だった。すでに覚悟を決めていたんだろうね。オレを面罵することなく、たったひと言だけ言ったんだ。

「息子……息子のことだけはしっかりと面倒を頼む」

この瞬間、オレはとても重いものを背負った気がした。確実に当時のオレのトラックでは過積載だったよ。でも、オレはこの人と約束をしたんだ。オレの身勝手な理由で苦しんでいるはずのこの人と、オレは男と男の約束をしたんだ。

あれから25年が経った——。

オレは一度たりとも、この約束を忘れたことはない。

決して無責任なことはできねぇし、しちゃいけない。結婚段階ですでに最悪なことをしちまったオレが、さらに最悪なことをしてしまったらそれは本物の人間のクズだ。ある意味じゃ、この約束があったからこそ、オレはどうにかこうにか、この25年間を頑張れたのかもしれない。

育ての父としての責任と覚悟

こうして、オレはいきなり幼子を抱えて所帯を持つことになった。

ところが、経緯が経緯だけに、周りのすべての人から祝福されてのスタートだったわけじゃない。オレの父親は曲がったことが大嫌いな人だったから、結婚には猛反対。結婚後しばらくの間、絶縁状態になった。

そして、カミさんの父親も強硬に反対していた。

そりゃ、そうだよな。教師という聖職者である旦那さんと結婚して、孫も生まれたばかりだというのに、突然「玉袋筋太郎」なんてふざけた名前の芸人が現れて、娘は離婚。いきなりバツイチになっちまったんだからさ。小さな町だったから、すぐにその噂は街中に広まっちまったらしい。

こうした批判や意見に対して、オレはなにも反論はしなかった。いや、反論なんてできなかった。ただ黙って受け入れて、結果で見せるしかないと思っていた。「結果」というのはもちろん、カミさんと息子の幸せだよ。

それがあったから、トラックの荷台が過積載になったとしても、「やるしかない、検問を突破しちゃえ！」って、いろんなことを頑張ることができたんだ。

子どもが順調に育っていく過程で、ずっと悩んでいたことがあった。

それが、「いつ、息子に本当のことを伝えるか？」っていうこと。そもそも、真実を伝えたほうがいいのか、それとも伝えないほうがいいのかということから考えた。

だって、「じつはおまえの本当の父親は別の人なんだ」って、昔の大映テレビ制作のドラマ『赤いシリーズ』、そのものだもんな。でも、隠し事はいつかはバレるもんだし、息子の立場で考えたら、ずっと嘘をつかれたままっていうのもイヤだよね。それは、親に対する信頼感を一気に失わせてしまうことだし、グレる要素にだってなる。

だから、「いつかは本当のことを伝えよう」って考えていた。

息子が小学校の高学年の頃だったかな？　深夜、カミさんに言ったんだ。

「そろそろ、真実を伝えるべきなのかな？」

そうしたら、意外な答えが返ってきたよ。

「もう、とっくに知っているわよ」

「え――――っ！」

ひっくり返るほどの驚きだよ。で、「どうして知っているんだ？」って聞くと、カミさんは平然と答えたね。

「小学校4年生のときに、わたしから伝えたのよ」

「で、アイツはどんな反応だったの？」

「うん、別に動揺もしないで、ケロッとしていたわよ」

真実を知った後も、オレに対する息子の態度にはなにも変化がなかった。ヘンによそよそしくなることもなかったし、逆に無理して親密になる感じでもなかった。

だから、オレはまったく気づいていなかった。むしろ、息子のほうがずっと大人だったのかもしれないね。

その事実が判明してから、家族全員で近所に食事に行ったら、知り合いと会ったことがあるんだ。うちの坊主はなかなかの美形だから、その人は悪気なく言うんだね。

「よかったね、お父さんに似なくて」

それを聞いて、オレたちは顔を見合わせてニヤリとしたよ。こうしたやり取りは我が家での、ある種の「お約束」になっている。

うちの息子はもう成人して独立していて、すでに所帯を持っている。じつの父親と交わした約束をどうにか果たすことができたんじゃねぇのかなって、今となっちゃようやく少しだけホッとしているところだよ。

こんなダメな父親なのに、うちの坊主は横道にそれることなく真っ直ぐに育ってくれたことをオレは本当にうれしく思っている。

そしてもうひとつだけ、これだけは言っておきたいんだ。

これは後で知ったことなんだけど、息子のじつの父親はオレに内緒でうちのカミさんにまとまった金を託していたんだってさ。「もしもなにかあったらこの金を使ってくれ」って言っていたそうだよ。

あの土下座をした日以来、オレは彼とは一度も会ってはいない。

でも、その気遣い、男としての器の大きさに対して感謝の気持ちをずっと持っている。

そしてこの思いを、ぜひどこかで伝えたい気持ちもある。

……いや、向こうにはすでに新しい家庭もあるようだし、会わないほうがいいのかもしれないけどね。

幸せになるための道はひとつじゃない

息子はとてもクールな性格で、なにかに熱くなるということがないタイプ。その辺は、オレにはまったく似てないよ。学校生活においてもトラブルはまったくなかったし、グレることもなかった。そういう意味では全然と言っていいくらい、手のかからない子だった。

一応、芸能人の二世なんだからヤクでもやるかと思ったけど、そんな気配もなかったしね。まぁ、芸能人二世のみんながみんなヤクに走るわけじゃないけどさ。

オレの子育て方針としては、本人の好きなことを尊重させるように心掛けていた。もちろん、なんでもかんでも甘やかしにするつもりもなかったけど。

息子への小遣いは完全歩合の「給料制」にしていた。

たとえば、「新聞を読んだら50円」「映画を見たら３００円」「本を読んだら３００円」「ギターの練習をしたら３００円」みたいな感じで、「なにかをしたら、なにがしかの報酬を得る」って感じだよな。

それを表にして、毎月末にカミさんが計算して、翌月の小遣いを渡していた。だから、アイツは子どもにしては意外と稼いでいたよね。

そうそう、「塾に行ったら１００円」っていうのもあったな。塾に行くよりも、映画を見たり、本を読んだりした方が報酬は高く設定していた。

さっき、「本人の好きなことを尊重」って言ったけど、映画に関してはオレのエゴで「これは見たほうがいい」「この映画は人生の教科書だ」って押しつけたこともあった。自分が中学生のときに見て感動した映画は、息子が中学生のときに見せた。同じ映画を同じタイミングで見て、息子はどう感じるのかを知りたかったたし、同じような感性を持ってほしかったっていう思いもあった。やっぱりこれは、完全なエゴだったたね。

うちの息子は高校生の頃に、オレに言われて『仁義なき戦い』シリーズを一気に全部見たし、『ロッキー』シリーズも全部見ているけど、それはオレの趣味だよね。

ギターを練習したらお小遣いをあげるというのも、自分がギターをできないことのコンプレックスの裏返しかもしれない。思春期になった頃には、「ギターとチンポコは毎日いじっとけよ」って、何度も口を酸っぱくして伝えたもんだよ。

思春期になっても、いわゆる反抗期のようなことは一度もなかった。ただ、息子が一度だけ「反抗」というのか、自分の意思を「主張」したことがあった。それは、高校進学のことだった。

オレの気持ちとしては、自分の高校時代のように都心の高校に進学して、学校帰りに新宿で映画を見たり、神保町《じんぼうちょう》で古本屋をのぞいたり、ギターを触ったり、カレーを食べたりっていう「都会の高校生ライフ」を満喫した遊び人になってほしいって考えていたんだけど、このときうちの坊主は、オレにハッキリと言ったよ。

「僕は馬術をやりたいんだ」って。

そのときは腰が抜けるほど驚いたよね。だって、こっちは「都心のハイスクールライフ」をイメージしていたのに、それがいきなり「八王子《はちおうじ》の山のなかの馬術ライフ」なんだから。正直言えば、「もったいないな」とは思ったよ。

だけど、そもそも「いい高校に行って、いい大学に入って、いい企業に就職する」なんてことを自分の子どもに求めちゃいなかった。以前とちがって終身雇用制が崩壊した昨今となっては、一流企業への就職が人生のパスポートっていうわけでもないのだから。

だから極端に言えば、別に高校にも行かなくてもいいやとも考えていたよ。

うちの坊主には「鮨《すし》屋で修業するって手もあるぜ」って勧めたこともある。別のときには「鳶《とび》もいいかもしれないぞ。職人の世界は給料もいいからな」って言ったこともある。だって、幸せになるための道は決してひとつじゃないんだから。

でも、「馬術をやりたい」という、息子の決心は揺らがなかった。

それまでだったら、父親の意見を参考にしていたし、オレのことを凄《すご》く尊敬している部分もあったんだけど、この頃には完全に自我が目覚めていたんだよね。

このとき、「あぁ、オレの魔法も効かなくなってきたんだな」って、ハッキリと自覚したもんだよ。ちょっと寂しかったけど、息子の成長を感じた瞬間でもあった。

彼が本気で、「馬術をやりたい」と思っていることはよく伝わってきたから、オレも「やるからには本気でやれよ。家からはかなり遠くなるけど、きちんと早起きして通うんだぞ」って認めてあげた。

結局、高校卒業後に馬術は引退してしまったけど、自分のやりたいことを貫くことができたいい高校生活をすごしてくれたことが、親としてとてもうれしいんだ。

生活のインフラ整備を忘れない

「玉袋筋太郎」というとんでもない芸名を背負って以来、オレは意識的にも、あるいは無意識的にも「破天荒な芸人にならなければいけない」っていう思いを抱き続けていた。そして実際に酒を呑んでばかりいたし、ギャンブルに夢中になったりしながら、ここまでやってきた。

でも、その一方では「だからこそ、ちゃんとしなくちゃな」って思いもずっと胸のなかにはあったんだ。いわゆる、「破滅型芸人」なんていうのも、生き方としてはカッコいいとは感じるよ。だけど、オレにはそれとはちがう思いもあったんだ。

「玉袋筋太郎」という芸人が、世間のイメージどおりに酒と女とギャンブルだけの人間だとしたら、それはそれで「カッコいいもんじゃねえよな」って感じるんだよね。

それに、オレには25歳のときに妻と子どもができた。この章のなかでも言ったように、結婚までにはいろいろなことがあったし、じつの父親との「約束」もあった。だから、オレはむしろ、「生活のインフラ整備はきちんとしよう」と考えたんだ。

表面上はヘラヘラしているように見えるかもしれないけど、家庭のことをきちんと考えて、そのための準備をしている人間になりたいって。

それなら、「破滅型芸人」でもないし、「破天荒芸人」でもないよ。でも、一見するとチャランポランだけど、本来はきちんとしているというタイプを目指したんだ。

たとえば、猫《ねこ》ひろしという芸人がいる。

彼はああ見えて、「インフラ整備型芸人」だよ。はた目にはオリンピック選手になるためにわざわざカンボジア国籍を取得して、マラソン選手として見事にカンボジア代表になった。でも、その一方ではきちんと結婚もして、子どもを育てて、マイホームもしっかりと構えている。そういう意味でも、彼の生き方はとても尊敬に値する。

オレの先輩であるたけし軍団のなかにも、「破滅型芸人」と「インフラ整備型芸人」、それぞれのタイプがいる。オレは身近なところでそれぞれのタイプと接してきたけれど、ひとりの人間として、あるいは芸人として、きちんとインフラを整備している人のほうが好きだし、尊敬できる。

たとえば、ダンカンさんだったり、水道橋博士だったりがそのタイプだよね。あと、お姐《ねえ》ちゃんとの遊びはたくさんしていた殿だってそうかもしれない。もう長い間、奥さんとは別居はしているけどさ。

奥さんと子どもたちに対して、殿はきちんとインフラ整備をしているはずだよ。いや、身内だけじゃなくて、自分が世話になった人に対して、きちんとケアを欠かさない。それが殿という人なんだよ。

こう見えて、うちだって家庭円満、夫婦仲良しだよ。

本書ではカミさんに内緒で日本一のソープランドに出かけたエピソードを紹介したけど、結局この後、カミさんが来ているイベントでこのエピソードを話しちゃったから、今となってはカミさんも知っているんだ。悪事は必ず露見するんだね。いまでも、なにかあると「フォーナイン……」って、店の名前を出されるんだから、もうたまんないよ！

だけど、オレはやっぱりカミさんと結婚してよかったと思っているし、血のつながりはないかもしれないけど、それでも立派な息子を育て上げることができてよかった。

きちんと家庭を守れない人間じゃ、芸人として人を笑わせることはできないよ。

この章では、自殺した親父のこと、認知症の母親のこと、絶縁した姉のことに触れてきた。そして、略奪愛となったカミさんのこと、前夫との間の子である息子のことを語ってみた。いずれも、これまであえてどこにも話していない話ばかり。

でも、せっかくの機会だから、人に話すことであらためて心の整理をつけようと思ったんだよね。

このエピソードのどこが「粋《いき》」なのかって？

読者の人にはサッパリ理解できないかもしれないし、オレ自身もよくわかっていないけど、こうした家族との触れ合いのなかで、オレの人格は形成され「なにがカッコいいのか？」「なにがダサイのか？」という価値基準が生まれてきたことは事実なんだ。

両親のこと、姉のこと、カミさんと息子のこと……。

どの関係性においても、いずれも〝ワケあり〟の濃い関係ばかりだよな。でも、彼らとの交流を通じて、オレはひとつひとつ、自分なりの選択を迫られその時々に応じて決断をしてきた。その際の判断基準になったのは、自分の胸に手を当てて、「正しいか、どうか？」「カッコいいことか、カッコ悪いことか？」ということだった。

つまり、それは「粋か、どうか？」ということを確認する作業だったのかもしれない。

オレは、粋を論じるような資格もなければ、そんな柄でもない。でも、自分なりの「粋」はこれから生涯をかけて見つけていきたいんだ。

たとえ、人生トラックの荷台が過積載になろうとも、自分のペースで走り続けていくよ。

「粋」の答えを見つけるためにさ——。

おわりに――人生はやじろべえ

ようやく、ここまで辿《たど》り着いたよ。

「はじめに」で言ったように、オレみたいな野暮な男に「粋《いき》とはなにか？」を語る資格なんか、これっぽっちもないってことはよくわかっている。でも、角川新書編集部からの、「そこをなんとか！」っていう〝無粋な依頼〟を受けて、自分なりに「粋」ってものを頑張って考えてみた。で、自分なりの結論が出た。

――「粋」とは、語るものじゃやねぇ、感じるものだ。

これが、オレなりの現在の「結論」みたいなものかな。

粋っていうものは、あんまり声高に語るもんじゃやなくて、むしろ語らずに理解する、察するようなものなんだと思うんだ。「みなまで言うな」と察してあげる優しさであり、いわゆるひとつのちょっとした気遣いだよね。だって、大上段に「粋とは……」って語りはじめた瞬間に、それは野暮なものに変わっちまうもんだから。

だから、流れる水のように、風に揺らぐ柳のように、常に自然体で執着心を持たずに、暖簾《のれん》に腕押しの心境で生きていきたい。

そもそも、「粋」なんていうものに模範解答なんてものはあるはずはないよ。

その人なりの定規っていうのか、人それぞれのスケールでものごとを判断していけばいいんだ。だって、心のスケールって目に見えないものだし、「こうでなくちゃいけない」って決まりのあるものじゃないんだから。

最後の章で自分の家族のことを初めて赤裸々に語ったのは、オレなりのスケールを読者の人にも知ってもらいたかったからに他ならない。

オレはこんな経験をしながら生きてきた。楽しいことも、イヤなことも、大変なことも、腹立つこともあったけど、こうしていまのオレができあがっているんだよね。

その結果、自分なりの人生観とか、善悪の分別とか、カッコいいものや悪いもの、好きなものや嫌いなものが芽生えてきた。

そこに、自分なりの粋があるんだと思うんだ。

突然だけど、人生はやじろべえのようなものなんじゃないのかな。

あっちに傾いたりこっちに傾いたり、フラフラしながら誰もが生きている。でも、重心が崩れてしまったら、やじろべえはやじろべえではあり得なくなる。だから、みんな懸命に小さな足で大地に立ち続けている。

絶対に、自分の軸となる重心はきちんと保ち続けていなければいけない。そして、その「重心」こそ、その人の生き方であり、美学であり、つまりはその人なりの「粋」なんじゃないのかな。


オレは、オレの粋を生きていく――。


これからも、オレの人生ではいろいろなことが起こるだろう。そのたびに、やじろべえは右に行ったり左に行ったり、グラグラ、グラグラすることだろうね。

オレのやじろべえには、むかしを懐かしむ「昭和の自分」と、いまの世の中を生きる「平成の自分」がいたり、妙なところで正義感を持つ「正しい自分」と、自堕落に酒呑《の》んでギャンブルする「正しくない自分」がいたりする。

カッコいい自分もいるし、カッコ悪い自分もいる。先輩を尊敬する自分と後輩の面倒を見る自分がいる。その時々によって、やじろべえは右に左にと傾いている。

だけど、片方ばかりの人生だと疲れるし、そんなことではやじろべえはバランスを崩してしまいには落っこちちゃうよ。

両方あるから人生なんだし、どちらもあるから人間なんだよ。

人生トラックの過積載はなおも続くだろう。そのたびに泣き言を言ったり、投げ出したくなったりすることもあるだろう。

でも、絶対に重心だけは崩さないよ。その重心にこだわり続けること、忘れないこと。

それもまた「粋とはなにか？」を考えるヒントになるんじゃないのかな？

こんなオレの話に付き合ってくれて、どうもありがとう。

みなさんは、きっと粋な人なんだと思うよ！

玉袋筋太郎

２０１８年７月

玉袋筋太郎（たまぶくろ・すじたろう）
1967年、東京都生まれ。高校卒業後、ビートたけしに弟子入りし、1987年にお笑いコンビ「浅草キッド」を結成。芸能活動のかたわら、多数の本を手がけ、小説デビュー。一般社団法人「全日本スナック連盟」を立ち上げ、自ら会長を務める。著作に『声に出して言えない日本語』（ベストセラーズ）、『新宿スペースインベーダー　昭和少年凸凹伝』（新潮文庫）、『スナックの歩き方』（イースト新書Q）などがある。

編集協力　岩川悟（合同会社スリップストリーム）
長谷川晶一

粋《いき》な男《おとこ》たち

玉《たま》袋《ぶくろ》筋《すじ》太《た》郎《ろう》

2018年 7月 10日　初版発行
2025年 5月 5日　16版発行

◆◇◇

発行者　山下直久
発　行　株式会社KADOKAWA
〒102-8177　東京都千代田区富士見2-13-3
電話　0570-002-301（ナビダイヤル）

装丁者　緒方修一（ラーフイン・ワークショップ）
ロゴデザイン　good design company
オビデザイン　Zapp!　白金正之
印刷所　株式会社KADOKAWA
製本所　株式会社KADOKAWA

角川新書
　ISBN978-4-04-082211-2 C0295

KADOKAWAの新書 好評既刊

心を折る上司

見波利幸

管理職の仕事は、管理すること――その固定観念が部下のやる気をそいでいます。上司に求められているのはむしろ「育成」。2万人のビジネスパーソンと向き合ってきた著者が、組織力を上げる上司の姿勢、実践方法を伝えます。

中国新興企業の正体

沈才彬

配車アプリ、シェア自転車、ドローン、出前サイト、民泊、ネット通販……。中国で誕生したニューエコノミー分野の新企業は、今や世界最大規模にまで急成長している。「スマホ決済」を媒介に進化を遂げる中国ニュービジネスの最前線を追った。

勉強法
教養講座「情報分析とは何か」

佐藤 優

国際社会は危機的な状況にある。多くの人は何が事実か判断がつかず、混乱している。〈情報〉の洪水に溺れないためには、インテリジェンスが必要であり、それを支える知性を備えなければならない。一生ものの知性を身に付ける勉強法!!

科学的に人間関係をよくする方法

堀田秀吾

コミュニケーションのうまい、下手には理由があった! 世界の研究者たちによる論文などから、人間関係の極意をピックアップ。「ほめるときは人づてに」「ツンデレ会話で魅力度UP」など、今日から使えるノウハウが満載。

古写真で見る
幕末維新と徳川一族

茨城県立歴史館
永井 博

最後の将軍慶喜や、徳川宗家、御三家、御三卿、越前・会津・桑名の御家門といった、徳川家・松平家の当主や姫君たちの生涯を、古写真とともにたどる。書籍初公開のものを含む稀少写真182点を収録。

KADOKAWAの新書 好評既刊

そして ドイツは理想を見失った
川口マーン惠美

戦後の泥沼から理想を掲げて這い上がり、最強国家の一つになったドイツ。しかし、その理想主義に足をとられてエネルギー・難民政策に失敗し、EUでも「反ドイツ」が止まらない。「民主主義の優等生」は、どこで道を間違えたのか?

変わろう。
壁を乗り越えるためのメッセージ

井口資仁

ワールドシリーズ優勝も経験した元メジャーリーガーが、現役引退後いきなり千葉ロッテの監督に就任。現役時代に何度も壁にぶち当たり、そのたびに指導者に導かれて自らを変革することで乗り越えてきた男の戦略とは?

やってはいけないキケンな相続
税理士法人 レガシィ

平成27年の増税以降、相続への関心が高まった。しかし、間違った対策で「もめる」「損する」「面倒になる」相続が増えている。日本で一番相続を扱ってきた税理士集団が、最新情報を踏まえた正しい対策法を伝授。

日本人の遺伝子
ヒトゲノム計画からエピジェネティクスまで

一石英一郎

ヒトゲノム計画が完了し、現在はその解析の時代に突入している。日本人の遺伝子は中国人や韓国人とは異なり古代ユダヤ人に近いことなど、興味深い新事実が明らかになりつつある。最先端医療に携わる医師が教える最新遺伝子事情。

陰謀の日本中世史
呉座勇一

本能寺の変に黒幕あり? 関ヶ原は家康の陰謀? 義経は陰謀の犠牲者? ベストセラー『応仁の乱』の著者が、史上有名な陰謀をたどりつつ、陰謀論の誤りを最新学説で徹底論破。さらに陰謀論の法則まで明らかにする、必読の歴史入門書!!